국립국어원 민족생활어 자료 총서 8

민족건축어

전라북도 전주의 민족생활어

국립국어원 민족생활어 조사

     기   획 : 김덕호(담당 연구원)
  조사위원 : 김순자(제주대)   안귀남(안동대)
             김란기(홍익대)   김지숙(영남대)
             홍기옥(경북대)   조숙정(서울대)
             정성미(강원대)   정진영(부산대)
             김민영(한남대)   위   진(전남대)

국립국어원 민족생활어 자료 총서 8

민족건축어──전라북도 전주의 민족생활어

초판 인쇄 2009년 3월 20일
초판 발행 2009년 3월 30일

지 은 이 김란기
엮 은 이 국립국어원
펴 낸 이 최종숙
펴 낸 곳 글누림출판사 / 서울 서초구 반포4동 577-25 문창빌딩 2층
전   화 02-3409-2055 FAX 02-3409-2059
이 메 일 nurim3888@hanmail.net
등   록 2005년 10월 5일 제303-2005-000038호

ⓒ 국립국어원 2009

정   가 14,000원

I S B N 978-89-6327-004-3 (세트)
I S B N 978-89-6327-012-8 04710

국립국어원 민족생활어 자료 총서 8

민족건축어

전라북도 전주의 민족생활어

김란기

글누림

책머리에

국립국어원은 국어를 표준화하고, 국민의 풍요로운 언어생활을 돕기 위해 1991년에 설립되었다. 설립된 다음 해부터 1999년까지 8년간의 표준국어대사전 편찬 사업과 더불어 방언 조사 사업, 음성 자료 디지털화 사업, 기본 어휘 사용 실태 조사 사업 등과 같은 국가적 조사 연구 사업들을 수행해 왔다. 민족생활어 조사 사업도 이와 같은 국가적 조사 연구 사업의 일환으로 2007년에 시작되었다.

민족생활어 조사 사업은 국어 기본법 제2조(기본 이념)와 제9조(실태조사 등)에 근거하고 있다. 또한 다양한 입장에 대해 열린 자세를 갖게 하고, 차이를 인정하는 열린 마음으로 사회 통합을 이끌어내고자 하는 사회적 분위기와 이를 통해 사회적 관용(la tolérance sociale)을 모색하고자 하는 의식을 반영한 사업이다.

편리함과 윤택함이라는 이름 아래 진행되어 온 고속 성장의 이면에 우리의 언어와 문화, 생태계는 그 다양성이 훼손될 우려가 점차 커지고 있다. 그러므로 인류 미래의 운명이 걸린 언어, 문화, 생태계의 다양성을 존중하고 절멸 위기에 있는 그들의 생명력을 유지하고 복원하기 위해 함께 행동해야 할 것이다.

유네스코에서는 1992년 '생물 다양성 협약'을 체결하고 2001년 세계 문화 다양성 선언을 채택하여 언어와 문화의 다양성을 지키기 위해 노력하고 있다. 왜 생태주의자들은 종의 다양성을 옹호하고 있는가? 그것은 바로 순조로운 진화의 길을 모색하고자 함에 있다. 진화라고 하는 발전과 변화가 종의 다양성을 기반으로 하여 가능하듯이 언어의 진화도 언어의 다양함을 바탕으로 이루어지는 과정이라고 할 수 있다. 언어의 대표 단수만 옹호하는 일은 언어의 다양성 자체를 무너뜨리는 일이고, 이는 곧 진화에 역행하는 일이다.

현재 삶의 편의성을 위해 모든 것을 거시적인 관점에서 표준화하려는 경향이 뚜렷해서 비표준적이고 미시적인 것들은 소멸의 위기에 처하게 되었다. 하지만 이제는 잃어버린 지난날의 다양하고 미시적인 삶의 유산을 복원하기 위한 노력이 시작되고 있다. 이러한 분위기는 중심 언어에서 멀어진 변방의 언어라고 방치했거나 정화의 대상으로까지 여겼던 비표준적인 말을 보존하려는 노력에서도 엿볼 수 있다. 영국이 낳은 뛰어난 언어학자 데이비드 크리스털(David Crystal)은 자신의 저서인 '언어의 죽음(Language Death)'에서 어떤 소수의 언어든, 언어라는 이름을 갖고 있는 존재가 힘센 언어에 의해 사라져 가는 것은 '비극'을 넘어 '재앙'으로 간주하고 있다. 인류의 삶에는 다양성이 필요하고, 다양성을 바탕으로 이루어진 언어는 나름의 정체성을 가져야 자연스럽다. 언어는 역사의 저장고일 뿐만 아니라, 인류의 지식 총량에 기여하고, 그 자체로 흥미의 대상이 되기 때문에 그의 주장은 타당하다. 어떠한 언어든 사라진다는 것은 인류에게는 돌이킬 수 없는 손실을 의미한다. 따라서 아직까지 연구되지 않았거나 충분히 기록되지 않은, 소멸 위기에 처하거나 죽어가는 언어들을 문법 사전 및 구전 자료의 기록을 포함하는 문서 형태로 기록하는 것은 아주 중요한 사명이다.

크리스털을 비롯하여 뜻있는 언어학자들이 소멸 위기에 놓인 언어를 지켜내려고 안간힘을 쓰고 있는 것처럼, 국립국어원에서도 민족생활어 조사 사업을 통해 사라질 운명에 처해 있는 한민족의 생활어를 수집하고, 더 나아가서 그것을 지켜가는 방안을 모색하기 위해 힘을 모으고 싶다. 이를 통해서 우리 민족의 생활 언어가 한민족의 위대한 '문화유산'으로 다음 세대에게 계승하여 상속할 만한 가치를 지닌 문화적 소산임을 명심하게 하는 계기를 삼고자 한다.

민족생활어 조사 사업은 2007년부터 시작하여 2016년까지 10년간 수행할 예정이다. 국어 기본법 제2조 기본이념에서 밝히고 있듯이 국어가 민족 제일의 문화유산이며 문화 창조의 원동력임을 깊이 인식하여 이를 조사하고 보존함으로써 민족문화의 정체성을 확립하고 나아가 후손에게 계승할 수 있도록 하여야 하겠다.

2009년 3월

국립국어원 원장

차례

제2부 연구 결과

제 1 부

사업 개요

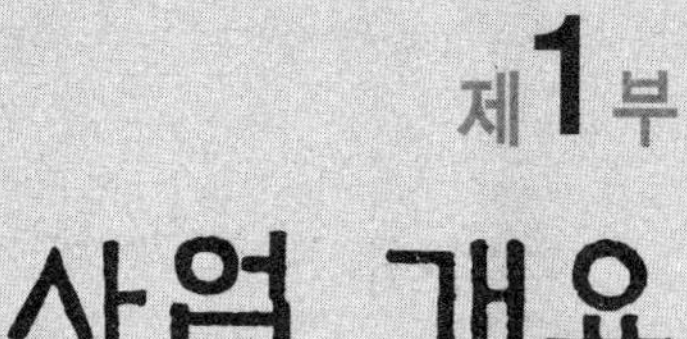

제1장 민족생활어란 무엇인가?

제2장 한국의 전통건축 장인과 민족생활어

제1장 민족생활어란 무엇인가?

인간은 다양하고 역동적인 생활 모형을 창조하기도 하며 다른 사람이 이미 만든 생활 모형을 따르며 살아가기도 한다. 그러한 생활 모형이 다수에 의해 집단화되거나 후손에게 영속적으로 이어지면 문화가 된다. 이러한 문화 속에서 관계를 맺고 소통하기 위해 사용하는 매개체를 가지게 되는데 그것이 바로 언어이다.

민족생활어란 민족이라는 말에 생활과 언어가 결합되어 이루어진 말이다. 민족은 일정한 지역에서 오랜 세월 동안 공동생활을 하면서 언어와 문화상의 공통성에 기초하여 역사적으로 형성된 사회집단을 말한다. 생활은 사람들의 일상적인 정서, 인식, 행동으로 이루어지며 이것의 대부분은 언어를 매개로 구체화된다.

일정한 지역에서 언어, 풍습, 종교, 정치, 경제 등을 공유하면서 장기적으로 집단적 생활을 지속적으로 반복하게 되면, 공속적인 사고체계와 문화체계를 형성하게 된다. 곧 이러한 사고체계와 문화체계는 그 민족의 생활 모습을 통해 알 수 있는데, 이들 생활의 대부분은 민족이 사용하는 언어를 통하여 드러나게 된다.

그러므로 한 민족이 살아 온 삶의 모습, 사고체계, 정체성 등을 파악하기 위해서는 동일 민족의 범주에 속하는 다양한 사람들의 생활어를 살펴보아야 한다. 이것은 생활 속에서 이루어지는 언어의 어휘, 형식, 의미, 용례, 담화 등의 조사와 재발견을 통해 구체화시킬 수 있다.

민족생활어를 조사하기 위해서는 우선 그 언어를 담고 있는 민족문화를 알아야 한다. 이를 위해 한국 민족문화의 개념과 범위를 살펴보면 다음과 같다(한국 민족문화대백과사전).

○ 한국 민족문화에는 외국에서 우리나라로 귀화한 사람과 우리나라에서 외국으로 이주한 사람의 문화도 포함된다.

○ 한민족이 아닌 다른 민족이 이룩한 문화는 한민족 구성원에 의하여 연구 변용된 구체적인 사실이 있는 경우에 한국 민족문화에 포함된다.

○ 한민족이 우리 강역 안에서 이룩한 문화 외에도 외국으로 일시 진출하거나 항구적으로 이주하여 이룩한 문화도 한국 민족문화에 포함된다.

○ 선사시대의 생활양상도 한국 민족문화에 포함된다.

○ 자연 그 자체는 문화가 아니지만 한민족에 의하여 이용되고 의미를 부여한 자취가 있을 때는 한국 민족문화로 다룬다.

○ 현대 문화의 양상은 전통 문화와의 연관이 파악되고 광범위한 영향을 끼치며, 우리나라에서의 독자성 또는 특수성이 보편성과 함께 인정되어야 한국 민족문화이다.

○ 민족문화는 민족·강역·역사·자연·생활·사회·사고·언어·예술 등 아홉 가지로 크게 분류된다.

이상과 같은 한국 민족문화의 개념과 범위 규정은 앞으로 수행할 이 사업의 조사 대상과 영역을 선정하는 데 중요한 기준으로 삼을 수 있다.

사피어 워프의 가설(Sapir Whorf 가설, 언어의 상대주의 이론)에 보면 언어구조나 실제 사용하는 언어 형식이 사용자의 사고에 영향을 미치는 것으로 되어 있다. 언어 사용자는 필요에 따라 많은 언어 형식을 창조한다. 사용자가 그만큼 사고를 많이 한다는 말이다. 북극의 이누이트족은 눈, 얼음, 바람을 아주 세분된, 수십 개의 말로 표현한다. 필리핀 민도르의 하우누족은 450종 이상의 동물과 1,500종 이상의 식물을 구분한다. 실제 공인된 공식 도감의 분류보다 400여 종이 더 많다.

어떤 언어 사용자의 죽음은 그가 가진 독특한 생활어도 함께 사라짐을 의미한다. 언젠가 아프리카에서 들려오는 소식으로 다음과 같은 이야기가 있었다. "한 사람의 노인이 사망할 때마다 하나의 박물관이 사라지고, 하나의 도서관이 사라진다." 문자가 아닌 구전으로 지식과 지혜가 전수되는 아프리카의 문화 전통에서 오래도록 살아 온 한 노인은 그 사람 자체가 박물관이고 도서관이었다(강신표, 인제대).

이러한 관점은 조사 대상과 조사 영역에 대한 중요한 기준을 제시해 준다. 누구를 조사해야 하고, 무엇을 조사해야 하는지에 대한 해답을 이 관점을 토대로 찾아낼 수 있을 것이다.

민족생활어란 한국 민족이 그들의 문화 속에 담고 있는 생활 어휘, 형식, 의미, 용례, 담화 등을 모두 포함한 용어라고 정의할 수 있다. 그리고 민족생활어 조사란 바로 그러한 한국 민족문화 모형을 가진 인간을 대상으로 다양한 생활 어휘들을 조사해야 하는 것이다.

한 민족 내에서 사용한 언어는 그 민족의 사고와 행동양식과 불가분의 관계에 있으며, 이것은 사람들의 일상적 활동과 연계된 생활어에 구체적으로 나타나고 있다. 실제로 음운이나 문법과는 달리 어휘, 의미, 용례, 담화에는 그 시대의 다양한 특징적 상황이 반영된다. 사회구조가 복잡해지고 새로운 사물과 행동이 나타나면서 그에 합당한 어휘가 생겨나게 된다. 이러한 어휘 부족 현상을 충족시키기 위해서 기존 언어의 의미가 더 확대

되거나 기존 어휘가 새로운 의미로 변화하거나 새로운 어휘로 대체되는 현상이 나타날 수 있다.

새로운 사실이나 관념의 형성, 사물에 대한 새로운 지식이 생겨날 때 나타나는 새말이나 기존 의미의 변화, 문화변동에 직접적으로 가장 민감하게 반응하는 것이 어휘이므로 어휘의 변화가 가장 심하다. 따라서 우리말의 어휘가 변화해 온 양상을 살펴보면 우리나라에서 이루어진 사회적·정치적·문화적인 변화양상까지도 읽을 수 있다. 이와 같이 다양한 계층, 성, 지역, 연령 등에서 사용하고 있는 광범위한 생활어의 음성, 어휘, 의미, 용례, 담론, 사진, 동영상 등을 종합적이고 체계적으로 수집·정리하고 활용함으로써 우리 민족의 독창적인 사고력 증진과 민족 문화를 발전시킬 수 있다.

광범위한 민족생활어를 지속적이고 체계적으로 조사·정리하고, 이에 기초하여 민족 제일의 문화유산인 국어와 한민족의 고유한 사유체계와 행동 양식의 역동성을 연구할 필요가 있다. 사회·경제 구조와 활동이 급속히 변화함에 따라 오랜 시간에 걸쳐 형성, 유지, 발전되어 온 국어의 어휘, 의미, 용례, 소통양식 등이 사라지고 있다. 이에 대한 체계적이고 지속적인 자료 수집, 정리, 보관, 활용에 관해 연구를 한다.

한 민족의 삶 속에 내재한 생생한 생활어를 조사함으로써 그와 연관된 생활 자료를 보존할 수 있고, 그동안 간과되어 온 민족의 역사를 복원할 수 있다. 이를 통해 당대의 올바른 시대상을 파악할 수 있고 국가발전의 가시적 성과도 제시할 수 있다.

지난 100년 동안 한국의 사회·경제 활동이 급격하게 변화하면서 다양한 직업들이 소멸·쇠퇴하는 반면 다른 많은 직업들이 창출됨에 따라 국어의 기반을 이루고 있는 생활 양식이 바뀌고 있다. 빠르게 소멸되어 가는 전통 사회·경제·문화 활동과 연계된 민족생활어를 수집·정리하고 활용하여 민족문화의 정체성을 확립하고 국어 어휘, 의미, 용례의 다양성을 보존하여 후손에게 물려주어야 한다. 이와 동시에 탈근대 혹은 지식·정보 사회·경제·문화 활동과 연계되어 새롭게 만들어지고 있는 생활어를 지속적으로 수집·정리하고 활용하여 민족 제일의 문화유산인 국어를 변화하는 시대정신에 맞추어 창조적으로 계승·발전시킬 필요가 있다.

그런데 20세기 민족생활어의 조사 대상이 되는 민중들은 소수의 예를 제외하면 대개 고령자일 경우가 많다. 민족생활어 조사의 시급성은 바로 이러한 사실로부터 제기된다. 그러므로 지난 세기를 살면서 일상의 온갖 생활어를 생생히 사용해 왔던 고령자들로부터 하루라도 빨리 생활어를 발굴·조사하지 않으면 참으로 귀중한 지난 세기 우리 민족의 생활어가 사라져 버릴지도 모르는 위기에 처하게 될 것이다.

이처럼 지난 세기의 급격한 사회변동에 따라 곧 사라질 위기에 처해 있는 우리 민족의 생활어휘를 조사하기 위해서는 고령자들의 구술에 크게 의존할 수밖에 없는데, 이를 통해 노년세대들의 소외의식을 줄이고 그들의 자존감도 회복시킨다. 또한 소외계층의 생활이나 해외에 거주하는 한민족의 생활어도 조사하여 그들의 자존감을 회복시키고 소외감을 해소한다. 아울러 당대의 고령층과 소외계층 사람들의 의식을 파악하고, 그들이 국가발전에 기여한 생생한 증거를 확보할 수 있다. 이러한 과정을 통해 우리 민족이 이룩한 문화유산과 업적을 정리·집대성하여 새로운 한국 민족문화를 창조하는 기반을 구축할 수 있을 것이다.

김 덕 호(국립국어원)

제2장 한국의 전통건축 장인과 민족생활어

1. 조사계획

　전통사회가 지속된 지난 100년 전까지의 사회는 우리의 전통적 언어를 비교적 잘 유지하여 왔었다. 그러나 근대화과정에서 서구의 문물(근대적 건축)이 들어오면서부터는 급속한 변화와 서구 용어로 대체되는 과정을 겪었다.

　더욱이 일제 강점기를 지나면서 선진문명의 탈을 쓴 일본화된 용어가 우리 용어를 대체하는 변화를 겪었다.

　해방 후에도 서구 문물은 각종의 매개체를 통하여 무분별하게 도입됨으로써 우리가 우리말을 정비하기도 전에 우리의 고유한 말을 대체하기도 하였다.

　1980년대 이후에는 인터넷 등 전자 매체의 일반화로 우리의 언어생활뿐만 아니라 전문용어도 급격한 변화 속에 있다.

　이에 이미 잃어버렸거나 사라질 위기에 있는 우리 고유의 언어를 찾아

내고 그것을 보존, 기록하는 것이 시급해졌다. 이중에 민족적 건축에 나타나는 어휘들은 우리 건축의 문명성과 생활의 지혜, 그리고 풍부한 기술성을 지니고 있다. 특히 각 지역의 세밀한 차별성은 지역적 지혜를 함축한다. 이와 같은 어휘의 조사는 민족의 역사와 그 속의 문화를 캐내는 일이 되므로 그 필요성은 다대하다.

말이 살아 있으면 그 물상도 살아 있다. 이미 사라진 물상도 말이 살아 있으면 연구를 통하여 물상을 회복할 수 있다. 그러나 말이 사라지면 연구의 대상에서조차 사라지게 된다.

본 조사는 민족생활어로서 건축과 관련된 용어를 체계적으로 조사하여 그 용어가 지니고 있는 현재적 의미와 과거의 역사 속에서 사용된 의미를 찾아내고 사라져가는 이들 용어를 기록 보존하는데 그 일차적 목적이 있다. 건축과 관련된 민족어는 급변하는 현대사회의 메커니즘 속에서 급속하게 소멸하고 있다. 특히 건축의 형태와 재료, 기술의 변화는 이들 용어의 급속한 소멸을 가속시키고 있다.

각 지방에서 지역어로써 사용되는 이들 용어는 그 지역의 문화적, 역사적 진정성(아이덴티티)을 지니고 있으며 그 용어들이 가지고 있는 각각의 의미는 우리 문화유산의 하나로 전통성과 지역성을 함유하고 있다. 따라서 이 같은 조사는 지역의 정체성을 찾아내고 그 속에 포함된 지혜와 문명을 지역의 발전에 활용할 수 있는 자원이 될 수 있는 기반을 마련할 수도 있다.

각 지역에 나타난 지역어는 그 지역뿐만 아니라 국가 전체를 위한 언어 자원을 발굴하는 것이 되어 국어발전의 발판이 되고 국민들로 하여금 다양하고 풍부한 어휘를 사용하여 국가의 각 부문 발전의 원동력이 될 수 있게 하는 데도 그 목적이 있다.

2. 도편수

우리나라 근대화 과정에서 도편수의 위치는 다른 전통 분야와 같이 전통적인 문화와 기예, 기술을 전달하는 중요한 통로가 된다. 이들 중에 지역에서 활동하는 장인들은 그 지역성까지 갖추고 있어서 서울 등 중심에서 활동하는 장인들과 구별되는 가치를 가지고 있다. 더욱이 제도권의 현대적 교육을 받은 종사자들보다는 제도권 밖에서 전통적 체제의 교육을 받거나 장인의 성장과정에서 습득한 지혜가 더 큰 가치를 가졌다고 볼 수 있다.

본 조사의 제보자는 우리나라 개화기 이후 전통적인 건축 기술의 대를 잇는 좌표상의 한 기술자로 위치한다. 그는 1938년 12월 10일 전라북도 전주 태생으로 현재 연로함에도 불구하고 많지 않는 전통건축 해체수리, 복원, 신축공사에 참여하고 있는 전명복 도편수이다. 그는 중요무형문화재 제74호 대목장 고택영에게서 전통건축의 전수를 받은 기술자 중의 한 사람이다.

그가 대목장 고택영으로부터 전수를 받기 전에도 20대 때에 조만규라는 분으로부터 목수수업(2년)을 받은 적이 있고, 30대에도 이정수에게서 목수수업을 받은 바 있다. 그러나 그가 정통적인 건축기술을 받은 것은 대목장 고택영으로부터이며 이후 고택영과 함께 많은 일을 해왔다. 대목장 고택영은 조선후기 대표적인 건축장인인 최백연, 한수준(이상 1901. 진전중건 및 1907. 경운궁 중화정), 홍순모(1907. 경운궁 및 중화정), 유선일(금강산 신계사 등) 등의 제자인 최원식－조원재－고택영으로 이어지는 계보 상에 있는 장인이다. 또 고택영은 전라지역의 한 분파로 평가되는 윤성실－심사일, 심태점－고택영으로 이어지는 계보 상에 위치를 가지고 있다. 전명복은 전통건축의 근대적 대잇기의 중심에 있으며 고급기술로부터 대중적 기술, 중

[그림 1]
1996년 연구자와 함께 고택영 대목장이 서울의 영화사를 찾아 전명복 도편수를 만나 기술적 의논을 하고 있다.

앙 기술로부터 지방 기술에 이르는 고른 경험을 축적하고 있다. 현재의 나이도 이 조사에 적합한 70을 바라보고 그의 수많은 건축공사 기록에서 볼 수 있는 바와 같이 전라도 지방의 풍토적 건축어휘를 채집하는데 적격이라 할 수 있다.1), 2) 전명복의 제자로는 현재 활동 중인 김진옥, 이우찬, 전준헌(자제) 등이 있다.

---

1) 김란기, 「한국근대화과정의 건축제도와 장인활동에 관한 연구」, 홍익대, 박사논문, 1989. 11, 「近代 傳統建築生産匠人의 活動과 系譜에 관한 研究」, 대한건축학회, 1990.8, 『조선대목 고택영의 조선집짓기 한평생 얘기』, 도서출판 한길, 2001.8.20, 「근대 목수계보의 연구」. 『춘계학술논문집』, 한국건축역사학회, 2006.5.

2) 고택영은 1914년 7월 13일 전북 부안군 동진면 동전리 564번지에서 태어나 돌아갈 때까지 그 집에서 살았다. 그는 7살부터 서당에서 11살까지 한학을 공부했고 신식교육은 받지 못했다. 11살 이후에는 부친의 와병으로 집안일을 해야 했는데 원만한 정도의 살림살이었다. 처음 목수일을 배운 것은 11살 이후 당숙인 부안목수조합장 고은천씨 때문이었다. 27살 때 차천자궁 600간을 지었다는 전설적인 목수 심사일의 눈에 들어 심태점, 심사일이 권해서 나영빈의 제실을 지었는데 이때부터 이 두 목수에게서 일을 배웠다. 그리고 해방 후 조원재로부터 일을 배웠다. 본 연구자가 입수한 고택영의 이력서에는 광복 이후 그의 활동만을 기록하고 있다. 즉, 그가 조계사 일을 한 후의 일들만을 기록으로 보여주고 있는 것이다. 그러므로 고택영이 독립적으로 일을 한 것은 광복 이후이며 일을 배운 것은 3차례의 기회에 해방 전의 일인 것이다. 어쨌든 필자가 15여 년 전 고목수를 만나 나눈 대화 중에는 집을 한 채라도 더 내손으로 지어서 상량문에다 이름 하나 더 넣는 것이 목수로써 소원이라고 했다.

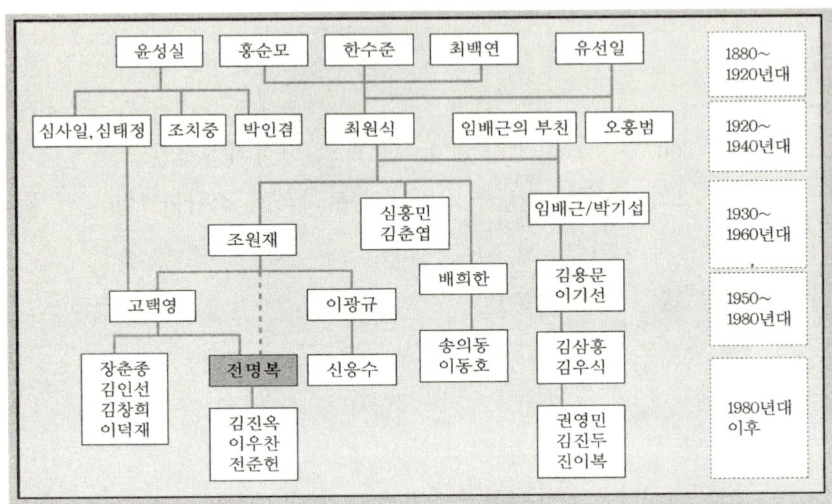

[그림 2]
개화기 이후 전통과 근대를 잇는 전통목수계보상의 도편수 전명복의 위치(김란기(4))

[그림 3] 고택영 대목장이 제자 전명복에게
확인서를 써 주고 있다.

[그림 4] 전목수의 스승인 대목장 고택영은
몇 년 전 돌아갔다.

[그림 5] 목수 임배근도 전명복 도편수의 증
조 스승이 된다.

[그림 6] 대목장 전명복의 제자이자 자제인
전준헌

3. 조사 기간 및 내용

본 조사는 2007년 4월 16일부터 공식적으로 시작되었지만 초기에는 문헌조사 및 제보자 선정의 과정을 거치다가 본격적인 조사는 7월에 이르러서 시작되었으며 2007년 12월까지 총 5차례의 현장조사 및 탐방조사를 거쳐서 이루어졌다.

우선 생애조사와 제보자의 기술(記述)문서조사가 병행되었고 공사현장 조사 및 공사완료된 현장조사가 이루어졌다.

1) 문서조사

주목할 만한 것은 생애조사와 병행한 기술(記述)문서조사에서 생애의 상당 부분을 제보자가 자필로 이미 기록하였으며(미공개) 이 문서는 제보자 조사에 크게 기여하였고 생애조사의 일부로 활용할 수 있었다. 특히 전통 건축과 기술(技術)에 대한 자신의 가치관과 기술적(技術的)인 문제점들에 대해 상당히 상세하게 기록하고 있어서 본 조사의 일부분으로 대체하였다.

이 문서는 제보자가 '초등학교 4학년 수준의 글쓰기' 정도로 스스로 평가하면서 방언들을 풍부하게 사용하고 있고 많은 부분들이 맞춤법에도 맞지 않게 서술되어 있었다. 여기에 스스로 촬영한 사진 자료도 포함되어 본 조사에 활용하였다.

제보자가 제공한 기록문은 다음과 같다.

1. 내가 살아온 지난 과거를 뒤돌아보며
2. 낮에는 대원들이 빨치산 밥해 주었다고
3. 톱이 각도가 좌우로 87~88도 정도가 가장 적합하다.
4. 옛날에는 그런 식으로 수평을 잡아 집을 지었다.

5. 추녀 만드는 방법을 알려 주마

6. 소나무의 질을 알아보자

7. 내가 이 나이 먹도록 배우려고 하는 놈은 너를 보았다.

8. 다음은 사래부 시공 방법을 나한테 설명을 하여라.

9. 고택영 스승을 모시고

10. 한 번 가서 못 본 것이 두 번가서 발견하는 사례도 많다.

11. 나는 지금도 선인 장인들의 뛰어난 기법에 놀라고 감탄한다.

12. 옛날에 도끼 하나로 집을 지었다는 말을 들었다.

13. 익공집에 대해서 설명을 해 보기로 한다.

14. 추녀의 곡선을 살펴보기로 하자.

15. 대목들도 선생의 가르침에 따라 일하는 것이 다르다.

16. 원본을 찾아서

17. 청풍명월 금산사

18. 목조건축 기둥에 대하여 설명해본다

2) 현장조사

(1) 1차 현장조사

1차 현장방문조사는 공사중인 건축현장으로써 전라북도 완주군 되재성
당 복원공사 현장을 우선 방문하여 조사하였다.[3]

(2) 2차 현장조사

2차 현장조사는 제보자가 태어나서 어린시절과 청년시절을 보낸 생가
로 전라북도 김제군 금산면 청도리이다.

---

3) 되재(현 고산) 본당은 비에모(M. P. P Villemot, 禹一模) 신부가 1893년 4월부터 전북 완주
군을 중심으로 복음을 전하면서 설립되었다. 어려운 가운데서도 비에모 신부는 1895년에 되
재(현 화산면 승치리)에 전통한옥 형태의 팔작 기와에, 단층 5칸으로 된 한국 최초의 한옥성
당을 완공하였다. 비에모 신부가 이처럼 산골에 본당을 정한 것은 아직 박해의 여파가 남아
있었고, 이로 인해 신자들이 주로 전라도 북부 산간지대에 거주하고 있었기 때문이다. 되재
본당이 설립된 뒤 많은 신자들이 이곳으로 이주하여 성당 주변에는 큰 교우촌이 형성되었다.
(현장 게시글)

[그림 7] 되재성당의 옛사진(부분, 현장 게시사진)

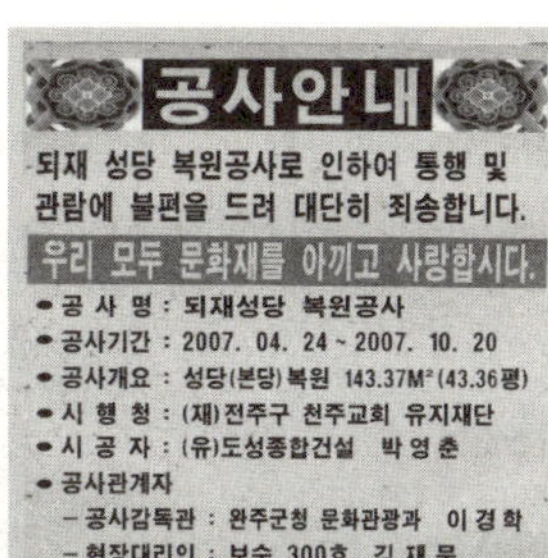

[그림 8] 공사안내판

[그림 9]
공사현장에서
공사과정을 설명하는
제보자 전명복 도편수

[그림 10] 전명복 생가 전면

[그림 11] 제보자 생가의 안채

(3) 3차 현장조사

　3차 조사는 제보자가 공사 완료한 전라북도 김제시(金堤市) 금산면(金山面) 금산리(金山里)의 금산사이다. 제보자가 생애 중에 가장 심혈을 기울이

[그림 12] 종무소 전경

[그림 13] 대장전 전경

고 장기간 공사를 한 금산사 경내의 건축물들이다. 조사 주요 건축물은 맨 처음 공사를 했다는 종무소, 이어서 대장전, 요사체, 미륵전, 대적광전 등이다. 이들 건축물들은 전목수가 1980년대부터 신축, 복원, 보수 공사를 20년 가까이 지속적으로 하여 온 현장으로 2~3채를 제외하고는 전목수가 담당하여 왔다. 첫 공사는 종무소 건물로 지금 보아도 상당한 기량이 엿보이는 건물이다. 특히 다포식 공포는 풍부한 제공을 갖추어 당시에는 대단한 공사였음을 알 수 있다.

[그림 14] 대적광전 전경

[그림 15] 미륵전 전경

(4) 4차 현장조사

제보자가 전통건축 일을 본격적으로 배우게 된 현장을 조사하고 건축

의 각 부분을 촬영하였다. 이 제각은 전 목수가 처음 건축 일을 배운 현장
으로 당시의 유명한 목수 조만재에게서 배웠다.

[그림 16] 요사채 전경

[그림 17] 서래선원 전경

[그림 18] 평산 조씨 제각. 그가 전통건축
목수 일을 배우기 시작한 현장이다.

[그림 19] 평산조씨 제각에서 건축물 공사
당시 설명을 하고 있다.

제2부
연구 내용

제3장 도편수의 말

1. 생애 구술(口述)

1.1. 죽을게미 더 한 해 늦게 그걸 했어요

問 태어나신 해는 언제예요?

答 제가 태어난 해요? 38년생인데요. 한 살 늦어요, 호적이. 38년생이고 원

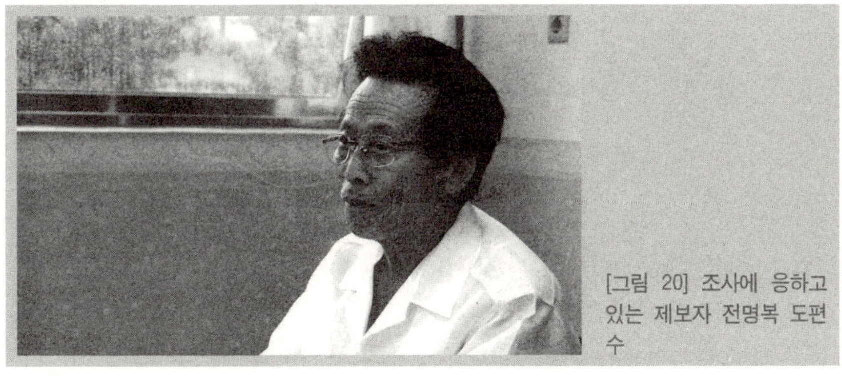

[그림 20] 조사에 응하고 있는 제보자 전명복 도편수

래 나이는 37년생이고 그렇습니다. 왜 그러냐면 그때는 아들 낳으면 많이 죽었거든요 죽을게미 더 한 해 늦게 그걸 했어요. 지금도 현재 살고 있습니다. 집은 아직 그대로 있어요. 나와서 전주가 있어도요 심심하믄 가서 농사 거 몇 마지기 하고 꿈이 그겁니다.

문 이것은 무엇이예요?

답 요것은 제가 금년에 한 것(기록물)인데요 좀 틀리지요 이것은 새로 작업한 것(건축)을 쓴 거요. 그것이 그냥 주로 있는 것은 그 소첨 대첨을 초각을 해 가지고 지은 집이에요. 컴퓨터 배워도 못 씁니다. (컴퓨터를) 닷샌가 엿샌가 배웠어요. 초기만. 그래가지고 와서 무조건 하고 많이 뿌서 먹었어요. 하루에 한 번씩 고치고 고치고 포도시 사진 불러오고 인쇄하고 요것밖에 못해요. 아니 저 초등학교 4학년짜리 같에요. 철자 받침을 몰라요. 태어나기는 여그 와서 태어났지요. 아버님이 광주셨지요

문 이 사진은 뭡니까?

답 전주 금산사. 거기 가서 파가 72대(개) 파가 있습니다. 밑에는 요하동이고요 금산사 요하동서 삼거리가 있어요. 전주로 가는 길로 한 2킬로 올라가면 저희 동넵니다. 예 하운동이요 여름 하자 구름 운자 겨울 동자.

[그림 21] 도편수 전명복이 조각한 개암사 연화모양 주두

답 거기 보시믄 개암사라고 하나 있어요. 개암사. 개암사 주두가 그 있습니다. 거기 뒤에 보면 요것은 제가 이번에 조각해서 지은 집이고 이게 지금 개암사 주두 들어간 거거든요. 근데 소로까지 조각이 돼 있어요. 요 맨 우가치. 찾아봐야 아직 발견을 못했습니다. 있는가는 모르겠는데요 제가 전국을 돌아다니다시피 했는데 발견을 못했어요. 유일하게 전라북도 가서 네 채가 있거든요. 하나는 화암사라고 저 무주 완주 거기 가서 무주 경천읍, 하앙집. 거기가서 주두가 조각이 되어 있고 숭인사 보광전이라고 있어요. 익산 거기 하나 있고 개암사 있고 고택영 선생이 지으신 내장사 법당이요. 내가 수리는 했어요. 원래 되어있는 거요. 근데 유일하게 이것만 있어서 전라도에 이것이 있거든요. 그게 저 이상하게 처져 있네요. 그래서 백제시대 때 김대성이라고 장인이 있었지 않습니까? 그 분 솜씨 아닌가 파고들었습니다. 유일하게 이쪽만 있기 때문에. 경주 근방 경상도 일대를 살펴봤어요. 그랬더니 흔적이 없습니다. 백제 사람이라고 그러거든요. 내장사 것은 원래가 정읍 대흥리 차천자 집입니다. 어째서 주두가 조각이 되어 있냐 그 말입니다. 그것도 내 생각으로는 어디서 옮겨지지 않았냐. 맞어 29년에 지었어. 근데 조각을 했는가 딴 데 띠어다가 옮겼는가 확실히는 모르지요. 유심히 생각해보고 또 조계사 법당에 가서 봤어요. 원래 기둥 네 개가 통처럼 매서 구멍이 뚫여 있었습니다. 그것이 네 개가 있는디 지가 한 개가 보존이 됐는가 모르겠습니다. 세 개는 빼고 보수하면서 뺐습니다. 그 사람이 빼낸 걸 내가 확인했어요. 93년돈가 94년돈가 모르겠습니다. 네 치 될까 두 치, 세 치? 뺑 돌아가면서 가운데에다 나무토막을 넣고 삼베를 입혀가지고 단청을 했어요. 낭설인가 실젠가 몰라도 차천자가 들어가는 구신(귀신)을 봤답니다. 숨어 있었대요. 천상 뭐시가 말하자믄 신이 하늘서 편지를 보내는 걸 그 기둥 뚫린 뻔지게 넣었답니다. 그래서 통이 네 개가 비어 있대요. 일부러 만들었지요. 또 행랑채 하나는 개암사에 여기 가서 보관이 돼 있었어요. 띠어다가 그랬다가 상서면 면사무소가 됐습니다. 면사무소를 새로 개축하면서 띠다가 전북 진안 부기로 왔습니다. 질려고 했다가 못 지어서 나무를 썼던 것 같습니다.

[그림 22] 차천자 600간 11전(조선일보 1999.9.17, 전라북도 정읍군 입암면 대흥리)

[그림 23] 현재의 전북 정읍의 입암면 대흥리 모습

1.2. 뿌지뽕나무라고 있어요

문 학교는 언제 다니셨어요?

답 원래 학교를 못 댕기게 했어요. 내가 10살 때입니다. 9살 때 해방이 됐거든요. 학교를 못 다녀서 저녁에는 야학이 일제시대 가고 대한민국이 돌아온게 동네동네마다 공부를 많이 가르쳤습니다. 마침 금산사에서 중학교를 설립허고 그 동네에서 금산회관인디 회관에서 국민학교 1, 2학년을 선출해서 가르쳤어요. 거길 다니면서 배울라고 집에서 지게를 지고 나갑니다. 산길로 넘어가요. 오전에는 가서 배우고 오후에는 나무를 해 갖고 오고 거기를 다녔습니다.

그러다가 어머니를 불렀지요. 나 배워야겠다. 배워야겠습니다 어떻게 어머니하고 싸워가지고 허락을 받았어요. 회관에서 힘들다고 금산에 또 회관이 있습니다. 마을회관이. 자선사업으로 백봉남이 있습니다. 그 분이 자선사업으로 국민학교를 짓게 되었어요. 그래서 그 국민학교를 짓는 과정에 우리가 왔다갔다 국민학생이 다 컸어요

동네 사람들이 우리 목수들이 거길 다녔어요. 유심히 또 내가 목수일을 할라고 했던지 몰라도 관심이 많았습니다. 어릴 때부터. 집 짓는 데 가가지고 하는 걸 본다고 열심히. 나무로 짓기 때문에 산판을 지었어요. 볏집으로 그걸 배워가지고 낮에 가서 그 놈 봐 가지고 집에 와서는 할 것이 없응께로 밭에 수숫대 있어요. 고놈으 껍질을 벗겨가지고 기둥도 만들고 고대로 만든다고요. 수숫껍질로 가위로 요래가지고 그게 톱이 됩니다. 양짓대기 가지고 가위 갖다가 새벼가지고 톱도 만들었어요. 도리도 만들고 다 만들었어요. 하는대로 했응게. 수숫대가 약해가지고 뿌러져 버리고 떨어져 버리고 거기는 뿌지뽕나무라고 있어요. 까시 질게 있는 거, 뿌지뽕이라고 나무 있어요. 누에도 먹고 그래요. 뜨물이 많이 납니다. 적당한 놈 끊어다가 박아갖고 나무에서 그게 안 떨어지더라고 양쪽 박고 우 박고 쑤셔 박고 요런 식으로 해서 우리 학교 집(건축)이 끝나자 나도 끝내고 그랬어요. 동네 사람들이 보고 탄복을 하더라고요. 잘 지었다고 그런 일이 있었고

1.3. 4학년 댕기다가 인공이 들어와서 못 댕겼지요

固 그 학교 4학년 댕기다가 인공이 들어와서 못 댕겼지요. 1950년도 학교가 중단됐었거든요. 그 바람에 못 다니고 말았습니다. 피난 안 갔습니다. 14살 때 조만한 여선생인 와 가지고 동네 사람이 보고 물레도 만들고 베틀도 만들고 그래가지고 주기도 하고 우리 어머니 아버지 질쌈을 허니게 우리 어머니 아버지 쓰라고 주기도 하고 조만한 여선생이 왔더라고요

固 자네 가서 좀 배우소 자네가 적합해서 자네한테 (연락이) 왔네. 면담 끝에 자고 먹고 같이 생활하면서 재각을 지었어요. 우리 동네에요. 바로 또랑 건너에요. 평산 조씨 조씨댁 재각입니다.

[그림 24] 평산조씨 제실 측면. 도편수 전명복은 이 건물을 지으면서 조만재 대목장으로부터 목수일을 배웠다.

그 양반이 꼼꼼히 어떻게 톱 씰는 방법까지 톱 위를 어떻게 재껴야 쓰고 어느 정도 각도로 잡어서 씰어야 톱이 잘 씰리고 잘 나간다고 아주 명백하게 가르쳐 주고 손수 하시면서 시범을 해 주고 한 번 써봐라고 해가지고 이것은 어떻게 해서 잘못이 있으니 오므려서 써라 그래서 세밀히 가르쳐 주더라고요. 한 80 가차이 됐어요. 그 때도 정정하시더라고요. 원래 서울서 왔다는 것같에요. 서울 궁궐집 짓다가 내려왔다고 하는 말 누구한텐가 들은 것 같애요.

그 양반한테 1년을 배우면서 육이오 수복 직후. 빨치산들이 불낸다고 뜯

어 옮겼어. 탱자톱질 고것도 하고 거기서 모형집을 또 지었습니다. 나무 깍기 싫은게 부둑술이라고 짜잘한 새끼술 요런 식으로 낫으로 찍어다가 깍을 것도 없이 그렇게 해서 모형집을 지었습니다. 소나무로 10대1로 지어가지고 인자 선생님한테 비췄더니 하나하나 모형집을 보고 설명을 해 주더라고요. 그 때 추녀 거는 방법을 그 때 배웠습니다.

서까리가 몇 자 나오믄 추녀가 얼마 나오고 추녀가 얼마 나오는 데서 통이 얼마 나오믄 조루가 얼마 생기고 아주 세밀히 가르쳐 주더라고요. 그러면서 노트가 요만해요. 붓글씨로 써 가지고 나한테 줬는디 부재 명칭을 나 군대 갔다 온 뒤 방 데빈다고 책을 없애 버렸어요. 세필로다 썼어요. 내가 부재 좀 알려고 많이 노력을 했거든요. 2층집 멍에 창방까지 했습니다. 그러고는 이름이 없어요. 목탑을 3층 내지 4층? 고것이 틀림없이 이름이 있을 것이다. 기둥은 여러 수십 가진디 찾을 길이 없습니다. 중단하고 관리국에는 혹시 있나 싶어서 끝나고 찾아볼라 그래요.

조만재선생이 끝나고 가시고 나는 집에서 농사짓고 살고 그러다가 82년돈가 83년돈가 고택영 선생을 만났습니다. 가신지도 모르고 돌아가신지도 모르고 소식이 딱 끊겨 버렸지요. 집에서 동네서 뭐 좀 해 주고 동네 솔집 짓는다 그러면 봐주고 저도 그렇게 지냈지요. 군대 갔다 오고 서울 숙정 북문(숙정문) 거기에서도 허고 성균관대학 진사식당 대성전 모두 했습니다. 그리고 저 고선생님 같이 따르면서요. 새재(문경새재) 2관문 3관문 하고 열 다섯 살 때부터 지었습니다. 그 사이는 한옥 일을 했습니다. 나목 일(보통 건축 일)을 했습니다. 그래서 빼 먹어 버린거요. 서울 국회 의사당, 무역센타, 교통센타(서울역 앞), 과학연구단지, 삼일빌딩 다 했어요. 남의 일. 양옥 일이기 때문에요. 빼 버렸어요. 69년돈가 짓기 시작했을 겁니다.

1.4. 결혼은 19살 때 했습니다

❑ 결혼은 몇 살에 하셨어요

❑ 결혼은 19살 때 했습니다. 어머니가 병환으로 밥을 못해 먹었어요 지금 큰아들이 목수 일을 하고 있습니다. 대목이에요 마흔 여섯인가. 그때 농사짓다가 동네 일 하다가 돌아다니다가 기피생활 했었어요 5·16혁명 나고 박정희 때 군대를 갔거든요 기피생활을 4~5년 했지요 8월달에 갔습니다.

❑ 그러면 목수일은 언제부터 시작하셨습니까?

❑ 목조건축은 늦게 시작했어요 처음에 배우긴 배웠어도 집을 나무집을 짓기 시작한 것은 전적으로 짓기 시작한 것은 좀 늦었어요 제가 생각해도 참 제가 천잽니다. 오죽이야 금산사에 사무 보시는 이과장이 있는디 그 분이 나더러 하는 말이, 놀리기를 저 놈 배웠으믄은 금산사 팔아먹을 놈 이라고 그랬어요 그렇게 머리가 좋았어요 그 때는 한 번 보면 잊어버리질 않았어요 대적광전은 고택영 선생은 명예(명의)만 있지 일은 다 내가 했어요 명예는 그 양반 앞으로 허고 일은 내가 하고 미륵전도 제가 했어요 한 해에 같이 시작했습니다. 88년도에. 미륵전이 늦게 끝났지요 관찰하고 심사하면서 5년인가 걸렸습니다.

1.5. 살 길이 없으니까 서울로 간 거에요

❑ 서울 생활은 언제부터 하신 거에요?

❑ 64년돈가 시작해 가지고요 72년까지 했습니다. 서울서요 동네에서 촌에서 쌀계 계가 있어요 대여섯 여나믄씩 모여가지고 한 사람 앞에 백 가마씩 채워주는 게 있어요 왕주를 해가지고 쌀 백 가마를 타다가 모아서 줬

어요. 그 때 그 놈이 옴싹 띠어 먹고 날라 버리고 그 놈을 넣어 줘야 하니까 내 전답을 팔아야 되지 않습니까? 살 길이 없으니까 서울로 간 거에요. 그래서 서울로 가게 됐습니다. 목수 일을 제대로 배우면요 돈 못 법니다. 회사에서는 돈을 벌어도 목수는 돈을 벌 수가 없어요. 인자 돈 욕심이 있어가지고 벌라고 하면 벌겠지만 내가 작품을 버릴 수가 없거든요. 손한 번 더 보는 데 품이 엄청 차이가 나거든요. 그러다보면 항상 남는 것이 없어. 적자여. 저도 적자 사업 많이 했습니다. 지금도 마이너스 통장 1800만원 빚지고 있습니다. 안 갚아져요. 이 근방에선 이름이 있응게 저는 저 집을 누가 지었다 이 말 안 들을라고 좀 잘 지었단 말은 못 들어도 저 집 버리든 안했다 그런 정도 질라(지을라) 그러니까 아무래도 신경이 씨이고 손이 더 가고 손해 보지요. 에이 톱으로 시작해서 에이 톱으로 끝나버려. 근데 우리는 지금도 그렇지 않아요. 톱은 거칠어요. 물 안 샙니다. 기둥 사개를 맞춰놓고 물을 찌끄려도 물이 안 새요. 지금은 톱도 기계톱이라 그냥 짝하니 나갑니다. 딱딱 떨어져요. 틀어지는 게 없응게 뽀독뽀독 들어가 가지고 착착 맞는 그 재미요. 아유! 기분 좋습니다.

1.6. 그것 때문에 인자 목수가 됐지요

집에서 농사짓고 아버지 어머니 계신게 농사 짓고 살았지요. 그래도 먹고 살라니까 어쩔 수 없지요. 그것 때문에 인자 목수가 됐지요. 무조건 올라 갔지요. 그런 것도 없고 우선 당장 있어서는 빚에 쪼달리고 독촉당하고 말하자면 피난 간 거요 서울로. 노가다고 짐 지는 것이고 원래 촌에서 살아 지게지는 건 잘 하거든요. 용케 또 목수 일이 팔자가 있는가 목수 일이 잡히더만요. 그 때 당시 하루 일당을 1,100원을 받았습니다. 하루 일당을. 회사일 노가다죠. 그래도 많이 받은 편이에요 자격증 취득 할 때도 말입니다. 그 때 누가 있었냐면 윤흥로 그 분이 있을 땐디 남양주 능에서 봤다고요. 그럴 적에 인자 기둥 사개를 만들으라고 그래요. 다 가지고 가 버리고 꼬부랑꼬부랑 그런 것만 하나 남아 있다고 하더라고요. 윤흥로 씨가 와 갖고는 하는 공식을 봐야지 공식도 안 보고 무조건 하는 것만 보고 접수를 받으면 되느냐 알았어 그래가지고 그 때는 실기(시험)하고 구두(시험)허고 지금도 필기(시험) 없어요. 지금 말이 많더만요. 삼일빌딩도 지었어요. 72년도 아니요. 68년, 69년도에…… 71년도 70년도에 국회 의사당을 지었거든요. 삼일(빌딩) 때 끝나고 한참 있다가 국회의사당 지었습니다. 남산 밑에 무역 회관 그걸 짓고 후에 국회의사당을 지었어요.

무위사가면요 그 지방에서만 나는 나무가 있어요. 강진 부근에서만 나는 나무가 있어요. 호박나무라고 속이 노란해요. 전해지기를 목판 글씨 파 가지고 목판 재료가 그 나무랍니다. 나무가 질이 좋아요. 근디 무위사 기둥 하나가 있는 것이, 확실한 것은 모르지만 육안으로 봤는디 볼 때 그 호박나무 아니냐 그런 생각이 들어요. 내가 볼 적에는 그래요. 근데 거기서만 나요. 호박나무가. 그 때 방송에 나왔나? 조선시대 때 목판 원료로 나무가 서울로 올라갔다 그런 말을 들은 것 같아요. 속이 노래니 질이 좋아요. 틀어지들 않고 단단하든 않아요. 가서 무위사 들어가다가 입구에 보면 나무 조각에다가 주차장 옆에 토막토막 끊어 놓은 것이 호박나뭅니다. 몇 번 다녔어요.

사진 찍으러 고찰은 많이 다녔습니다. 전국적으로 다 다녔어요. 한 번 가면 발견 못하는 것이 두 번 가면 보입니다. 저는 목수이기 때문에 부재 나름대로 혼자 저 놈은 조선시대 때 저 놈은 이조 후기에 지었겠다. 어느 식으로 집이 지어지고 요걸 갖다 생각하고 다니느라고요. 한 두 번씩은 다 갔습니다. 쪼각쪼각 있는 것이 그 때는 컴퓨터도 없었고요 사진기 그거 주서 보탠 겁니다. 찔끔찔끔 있어요. 서울 궁궐도 다 찍어 왔어요.

남대문이나 동대문이나…… 남대문은 국보 1호고 동대문은 보물 1호고 그렇지 않습니까? 원래 내가 그 말을 어디서 들어냐면은 대학교에서 참석하면서 들었거든요. 원본을 찾아서라고요. 원본을 찾아 생각해 보자. 남대문, 동대문 놓고 생각해 봤었어요. 내가 생각해 볼 때는 변종이 되어서 보수가 되어 있지 않나. 잘 모르겠습니다. 봉정사 건물도 저는 내가 볼 때는 부석사 무량수전이 값어치가 있어요. 왜냐면 너무나 단점이 있다면은 서까래를 질게 빼가지고 좀 처져 뵈는 거 그것이 흠이어서 그러지 보수해서가 아니라 원래 짓기를 활주를 세우고 폿집은 주심포라도 너무 무리하게 뺐어요.

[그림 25]
전남 강진의 무위사.

1.7. 선생님은 밀고 나는 잡아당기고

기둥 사개 파는 거 그것이 시험이었어. 어렵지도 않고 한 세 시간 정도 다 해 봤지요. 첫째 톱이 연장이 좋아야 빨라요. 연장에서 다 실어가지고 와서 고것도 잘 지른 놈은 요런 것은 요만치 해요. 그거 몇 번 안 거시면 사개가 나와버려요. 서울 북문 지을 적에 선자를 타는디 톱이 자꾸 엇나가더라고요. 그 때는 아무 것도 없었고 탱자톱으로 선자를 탔거든요. 선생님은 밀고 나는 밑에 잡아당기고 내가 손 좀 봅니다. 내가 하루를 봤어요. 탱자톱 줄톱 내리 씨는 톱이 있어요. 흥보가 박 타던 거요. 싹 썰어가지고 손 싹 다 봤더니 선자 일곱 치가 됐어요. 그거 먹줄 나 가지고 한 번 쭉 내리밀면요 1센치가 내려갑니다. 잘 타져요. 되면 사정없이 되고 수월하면 한정 없이 수월한 게 톱질이거든요. 자네 참 톱 씨는 거 잘 배웠네 선생님 배우든 배웠어요 저도. 그래서 선생님이 다른 목수보다 알아주기를 그래서 알아줬습니다. 서울 숙정문. 선자가 서까래. 목수들이 많은 게……

문 자제분은 몇이나?

답 애들 5남맵니다. 큰 놈도 목수, 둘째 놈도 목수고 그래요. 지금 서울서 있어요. 하나는 부산에 있고요. 나보다 잘 해요. 보수기술자까지 증명이 있어요. 내가 무조건 하고 가르쳤어요. 여기 있습니다. 회사 모르는 사람이 없어요. 야가 제 아들이거든요. 결혼하고 몇 년을 살았지요. 군대 있을 적에 낳았습니다. 그러고 둘째 놈, 셋째 놈 생겼지요. 제대하고 나서. 학교 갈치면서 그 때는 국민학교 애니까요 밭뙈기는 어느 정도 먹고 살 건 있었어요. 먹고 살만은 했거든요. 버는 대로 보내 주고 그 무렵에 고속버스가 생겼습니다. 그래가지고 열차 타고 9시간 걸리다가 고속버스 생긴 게로 하루 왔다 올라갈 수 있어요. 아침에 올라가고 비 오면 내려오고 그 때 1100원 받았으니 게로 돈 많이 받은 편이어요, 노임을. 나보다 더 받은 사람도 있지만 보통 800원 900원 1000원 받고 그랬어요. 진행을 좀 알아서 그런가 더 주고 잘 해 주고 그러더라고요. 67년돈가 68년돈가 그 무렵에 서울 강남 동작동 거기 다 뻘 갈대밭 아닙니까? 한 평에 50원, 30원 그랬어요. 강진교(광진교) 하나하고 제2한강교 두 개뿐이 없었잖습니까? 나룻배 타고 건너다니면서 요만친서 채소 가려먹고 그랬어요. 그래가지고 땅 못 산 것이 참 원통합니다. 한 대 여섯 개만 내뻐려 버렸으면 그걸 산다고요. 누가 강 건너 알겠어요. 그러더니 나 있을 적에

사당동 앞에 아파트를 짓기 시작했어요. 5층 짜리. 짓기 시작하더니 땅
금이 팍 숏더만요. 성남 뚝섬 사람들이 성남으로 다 갔지 않습니까. 성남
도 저희들이 개발했어요. 생활이 없응게 거기 가서 집만 짓고 먹고 살게
없응게 집 다 내버리고 서울로 왔다고 그 때 서울 집 한 채가 20만원. 20
만원 주면 끝내줬었어요. 내뻐리고 예 강제로 왔습니다. 처음에는 거 갈
라믄 두 시간 걸렸어요. 한 70리 되거든요. 천상 거 갈라믄 강진교(광진교)
건너서 갔습니다.

1.8. 금강송이라고 그 소나무요, 이게

문 되재성당은 어떤 건물입니까?

답 조선시대 때 건물이랍니다. 1895년에 완공됐어요. 1892년부터 시작해가
지고 94년도에 동학난이 나가지고 그 때 중단됐다가 95년에 완공됐어요.
그 모르지요. 없어요 전부 타 버렸으니까. 기록을 안 해 놨어요. 옛날 사
진만 하나 있어가지고 그대로의 형상을 찾은 거에요. 옛날 성당 사진이
있어가지고 그거 없었으면 옛날 모습 못 찾지요. 6·25사변 때 강당을

[그림 26]
공사 중인 되재성당

하나 지어가지고 신자들이 기도 바치다 금년에 시작을 한 거지. 임시건물로 이건 원형이요 그대로에요. 우리가 어려서 봤으니까 그대로 우리한티 자문 받아서 설계를 한 거지. 우리가 12살 때 성당을 봤거든.

집 조로가 조로는 자 일곱 치고 후리는 여덟 치 되어 있거든요 왜냐면 너무나 귀하기 때문에 많이 뺄 수가 없어요 추녀를. 그리고 부연이 걸리면은 방풍을 한 자를 내서 그래 하거든요 근데 부연이 없기 때문에 부연집보다 한 자를 들어가서 방풍을 설치했습니다. 부연 있는 집허고 없는 집허고의 차이가 그거에요. 부연이 있으믄은 주심에서 한 자 들어가서 방풍을 설치하는 것이고 부연이 없으면은 두 자를 들어가서 방풍을 설치하는 것이 공법이거든요 요것이 구조가 참 옹졸해요. 원래는 판벽이 되어 있거든요 남녀를 구별을 하느라고 가운데다 판벽을. 구조상 없어도 상관없어요. 남녀 구별을 하려고 너무 크게 해 놨습니다. 기둥을. 이 소나무도 종류가 여러가집니다. 국산품이에요. 이것이 서울 조계사 마루 놓고 남은 나무. 작년에 조계사 마루를 놨거든 우리가. 거기서 넣고 남은 나무. 그 나무가 이리 왔어. 회장님이 특별히 봐 갖고 오셔가지고 내가 이 나무를 갖다가 썼습니다. 내가 강원도에서 왔는데 봉화나무 봉화에서 쉽게 말해서 금강송이라고 그 소나무요 이게. 근데 궁궐 보면은 말입니다. 전부 다 마디가 없거든요 대게 보면 마디가 없습니다. 금강송이라 그래요. 금강송은 마디가 없습니다. 금강송이 저 봉화 춘양서만 나옵니다. 춘양목은 같은 나문디 무거워요. 송진이 많애 가지고 아마 이런 놈이 밖에 나가면 칠팔백 나갑니다. 무거워요. 강화도서부터 춘양목이 원주 속초 평창인가 고서 나와요 처음에는 나도 몰라가지고 춘양목을 춘양서 나와서 춘양목이다 그랬더니 그것이 아니더라고요. 춘양서 나온 것이 아니라 나무 이름이 팔버요

요 중당도 기둥을 세우면서 꼽았거든요 요만치 6센치 벳겼어요. 양쪽이 다 되어 있습니다. 귀가 딱 맞은 거지요 여기도 돌로 쌓아요 돌 쌓을라

고 붙여 논 거요. 여기까지는 벽 처리가 되고 이 밖으로 돌이 쌓아 지지요. 이중벽으로 기둥이 많애 가지고요 품이 다른 데 두 채(치)는 들어갔어요. 서까래가요 세 치 오 푼을 나왔는지 키웠어요. 집에 비해서 설계에 비해서요 서까래가요 차가 나나봐요. 세 치 오 푼을 해 놓으믄 끝에 가서 쪼까 빠른 기분이 없어요. 좀 커야 그거는 그래야 보기가 좋거든요. 선자가 안 나왔어요. 장식적인 것은 없네요. 단익공집이기 때문에요 창방 끝에서 쇠서 안 붙어 있는 집을 단익공집이라 하나가 붙어 있으면 일익공이라 그러고 유일하게 목조집이 성당이 나바위라고 그러지요. 나바위가 있고 여가 전라북도에 두 채가 그것도 오래 됐습니다. 나바위 것도 익산 바닷가에 (화산성당) 이 건물 딱 보니까 거기하고 분위기가 완전히 다른데. 구조가 완전히 틀리죠 설계는 퇴보가 직선으로 되어 있어요. 우리가 세 치를 흘려 버렸거든요.

1.9. 쪽년이라고도 허기도 하고 반년이라고도 하고

問 우리 건축에서 처마를 보면 직선이 아니고 곡선이 되는데 처음 공사할 때는 어떻게 합니까?

答 판듯한 선이…… 그러면 일곱 자를 빼니까 인자 한 여덟 치가 거 추녀서 나와요. 밖으로 그라믄 안으로 들어가게 되지요 이때 인자 후리라고 하거든요. 후리짜는 방법이라고 그리고 이 곡선은 자 세 치를 떼니까 대게 평년자가 나이가 뜨기가 두 살, 세 살, 네 살 다섯 이렇게 나와요 나이가 곡선을 갖다가 말하는 겁니다. 밑바닥으서 도륙에서 이게 얹어지는 요 각도를 말하는 거요. 요 높이를. 인자 여기다 다 써놔요 인자 코에다가. 너는 몇 살, 너는 몇 살.

問 살이라는 것은……

[그림 27]
추녀와 처마

탑 우게 높이를, 말하자면 서까래 끝 높이를, 우게 코, 높은 디요, 그것을 말하는 거요, 높이를. 거기다 나이를 떼 가지고 할 적에 넉 자를 빼 가지고 너는 일곱 자 나왔응게 후리가 좀 생겼다고 한 여덟 치가 생깁니다. 그렇게 해 놓으믄. 그리고 조루는 자 세 치 오 푼을 하면은 대게 두 살, 세 살 평년자가 이게 걸렸다 하믄 자 한 여섯 치나 자 여섯 치 오 푼쯤 나와요. 조루가. 곡선이요(수직에 관한). 후리라고 말하는 거요. 안으로 들어가는 것은 후리고 수직에 대한 짚이(깊이).

탑 고것이 몇 살, 몇 살 나오면은 기쁠도 생겨요 추녀 받을 적에 내가 통이 얼마나 생기나 그러면 고기 얼마 생긴다 말하자면 자 세 치가 생긴다 또 자 두 치를 하면 요것은 자 세 치, 네 치 정도 생긴다. 대게 인자 알거든요. 정확하게는 안 나와요 대강 한 치나 치 오 푼밖에 안 틀려요 차이가 나더라도 조루가 자 여섯 치 후리가 뒤로 들어가는 것이 한 여덟 치 요것이 그렇게 잡혀 있습니다.

편 요런 나무는 직제하고 다른데……

탑 원래 산판에서 비어 올 적에 한옥 부재를 파는 제재소는 이런 나무를 구해다 놔요. 추녀에 쓸 놈을. 거그서 적당한 놈을 골라오지요

편 옛날에 고택영선생님은 산에 가서 나무를 고르시기도 한고……

탑 지금은 마음대로 비지를 모더니까요(못 하기에). 그 전에 그 양반 일할 적

에만도 산에서 많이 비어서 썼지요. 말하자면 집질 목수가 가서 비면 정확하지요

문 요 나무는 약간 곡제라고……

답 예, 상당히 굽은 겁니다. 많이 굽었어요. 저 우에서 실제로 보면 40센치 정도 굽어 있어요

문 근데 치목해 놓은 것을 보면…… 상당히 거친 느낌이 나네요?

답 거칠지요. 뒷등을 손을 안 보니까. 고 등은 밑에다가 손 봐져 있습니다. 웃 방향으로 기와 일 부분으로 껍질만 빗겨버리고 침목을 안해 버려. 여기가서 반년이라고 쪽년이라고도 허기도 하고 반년이라고도 하고…… 절반 빠갠다고 해서 반년이요. 쪼갠다고 해서 쪽년이고 그래가지고 서까래 가운데를 빠개가지고 쪼각 그거를 붙이거든 여기다가. 그게 카바가 되아버려.

문 이것을 세워 놓은 데가 없나?

답 아직 없지요

문 아직 없나?

답 요거요. 요거 요것이 붙어 있어요 고것이 붙어 있어요

문 네 귀에 한 개씩 들어가네요?

답 네 개요

문 요거 이름이 뭐라고요?

답 추녀코라고 해요
요 부분은 코, 코는 웃부분을 말하는 거요 추녀코라고 그래요 웃부분은 코라고 그래요

문 추녀라면 요부분 전체를 말하지 않습니까?

답 전체는 추녀라고 하지요 전체는. 추녀도 밑에는 추녀밑, 우에는 추녀등 그렇지 않습니까. 그렇게 쓰거든요

문 요것이 바깥쪽으로 가고……

답 대각선으로 쭉 나가는 거지요

문 기둥 위에……

답 요것은 단여라고 하는 것이고요 단여. 짧을 단자. 장여 여자. 요것은 창방이거든요 근데 요 파여 있는 것은 주두를 앉히기 위해서 파는 겁니다. 주두를 앉히기 위해서. 요것이 시방 높이가 3센치. 한 치, 한 치를 낮춰 준 거에요 한 치를 낮춰가지고 주두가 한 치를 타고 내려 가지요 여기 바닥재로 빼딱하니 맞게. 그래가지고 파진 데 가서 차꼬(착고)라고 있어요 차꼬 판다가 주두에 찡겨가지고 소래에 찡겨요 백혀. 여기 공간이 두 치가 생겨요 두 치 우게서 장여가 또 나가거든요 장여도 우게를 파가지고 차꼬가 우아래가 찝히지요 어떤 사람은 안 파고 그냥 막 짓는 사람도 있어요 여길 안 파고

[그림 28]
창방과 평방
(서울 조계사 일주문)

문 창방이 올라가는 것은?

답 이 자리는 주두자리고, 거기는 소로 요거는 주두 우 가서 인자 보가 얹혀지고 도리가 얹혀지지요 거기는 얹혀져 있구만요 여가 보가 올라갈 자리야요 저쪽 보면 골이 파졌어요 주두에서도 우게 장여도 요런 식으로 파졌거든요 그래가지고 소로 찔브면서 차꼬 찔브면서 맞게끔 제작을 해 나가요

문 요것은?

답 고거도 창방이라고 그려요. 창방이고 상관없지요. 요것이 주두거든요.
아까 똑같이 파여갖고 창방 들어갈 자리를 그대로 따가지고 앉힌 겁니
다. 요 사이는 원래 다섯 친디 두 치가. 두 치 오 푼 절반이거든요 이 곡
선이. 그러면 요것이 오 푼이 살아 있어요 15밀리가. 요거는 두 치를 파
낸 게…… 말하자면 6센치를 파낸 게 오 푼이 덜 파졌거든요 다섯 치에
서…… 살아있는 거요

1.10. 따악딱 찔버서 빠져나가니까 흠집이 없지요

문 일부러 요것을……

답 일부러 살리는 거요. 그래가지고 인자 그 주두가 파진 그 홈에 요걸 찌려
요. 차꾜가. 요것도 또 구멍이 파졌어요. 소로 들어갈 자리가. 따악딱 찔
버서 빠져나가니까 흠집이 없지요

문 여길 뭐라고 합니까?

답 현재 귀는 사개라고 해야지요 사개통이라고. 똑같은 원리로 기둥 열네
번째 만든다는 것이지요

문 요건 다르네요?

답 요건 귀라…… 요거 추녀 올라갈 자리거든요. 대각선으로 고것도 귀요
이것은 인자 가운뎃 것이고 보가 올라갈 자리고 귀는 추녀가 올라갈 자
리고 그래서 귓기둥. 요건 가운뎃 기둥이고 요건 귓기둥이고 그래서 대
각선으로 추녀가 들러붙을라 그러거든요. 인자 우주라고 하거든요.
그래서 번호 맞추니라고 기둥따라서, 창방 만든 게 번호 맞출려고 남바
를 다 미게논 겁니다. 그건 조립이지요

1.11. 드잡이는 목수가 아니지요

문 옛날에는 치목 따로 드잡이 따로 그랬다고 그러는데……

답 드잡이라는 것은 우리 알기는 드잡이는 그자(그저) 발판 매는 양반들. 아나방 매는 사람들. 수펑베게(비개)를 만드는 사람들입니다. 사람들 다닐 수 있게. 왜 그것이 안 되냐면요 왜 드잡이가 붙을 수가 없냐믄 물론 인자 같이 간 목수라도 나눠서 너는 집 짜고, 너는 치목해라. 이런 과정에서 갈러가지고 하는 것은 있을 수 있지만 드잡이가 따로이 있을 수는 없습니다. 이치에 맞지도 않에요. 왜냐믄 지금은 목수가 많지만 그전에는 목수가 그만치 귀했지 않습니까? 그런데 치목하는 사람이 채우는(세우는) 것이 원칙이지 드잡이 그게 따로이 올 수는 없는 거요. 드잡이 그거는 따로 두지를 않했어. 드잡이 시험은 보는데요 시험 보는 것은 우리와는 별도 관계가 없어요. 드잡이 이름은 따로 있어요.

문 목수는 아니지요?

답 예, 목수 아니지요. 발 매주고 그런 사람이 드잡이에요 목수가 드잡이로 돼 있을 순 없어요. 집장사. 제가 인자 참조로 말씀드리자면은 드잡이를 따로이 둘 수가 없는 것이 목조건축이거든요. 우리는 인제 번호수를 삭(싹) 매기지만 번호수 안 매깁니다. 안 매기고 인자 도편수 마음대로 다 침목을 한다고요. 그럼은 편수가 그 부재를 알지 딴 사람은 몰라요. 어디 들어가고, 어디 들어가고 인자 무슨 길이, 척, 수는 다 적어 놓고 어디 명시는 적어놓지만 어디 들어갈지를 몰라요. 그전에는 설계도가 어디 있습니까? 지금이야 설계도가 있지만 그 전에는 전부 다 목수 편수 머리 속에서 다 들어 있어요. 그냥 메모지에 빤듯하게 그려서 기둥 몇 개만 딱 세워 그려놓고, 칸 수만 갈라서 그리든가 칸 수만 갈라놓고는 거 이외에는 전부 다 머리 속에 들어 있어요.

문 소나무에 대해서는 더 좀 자세한 얘기가 필요하다구요?

답 예, 손 볼 것이 많습니다. (자신의 기록물에 대해서) 이것이 쪽수만 내 놓은 것은 나중에 요렇게 보낼라고 쪽수를 적어 놓은 거요. 그래가지고 보강할 건 보강하고 뺄 건 빼고, 한 번도 그런 것은 안 해 봐서요. 설고 또 국민학교 4학년 때 선생님이. 저도 컴퓨터 딱 일주일 정도 배웠습니다. 장애인 직업훈련소 가서요. 거기서 일주일 배워가지고 형식만 알아가지고 어디 나갈 데가 있어야지요. 하루에도 몇 번씩 컴퓨터 들고, 본체 들고 고치러 갑니다. 바로 옆에 가 있거든요. 하루에도 서너번씩 고쳐불고 밤새 아이콘이 없어져 버리는 거요. 이거 싹 지워졌당께요. 저는 중요하다 생각않고 한 번 해보고 해보자 그런 방식으로 하다봉게 차질이 많이 생겼습니다.

1.12. 나는 어린 게 거서 배운대로 소질이 있었던가 봐요

문 학교 지을 때도 목수 공부를 하셨다면서요?

답 47~48년 정도에 그 저 국민학교를 그 때 국민학교 지금 초등학교 지방 유지가 건립을 했거든요. 자기 사비로 그 때는 나무로 인자 교실을 만들었다고요. 나무 짓는 집을 어떻게 용케 동네 양반들이 지은 게 그것을 옆에 쳐다 볼 수 있고 하니까요. 가서 기웃거린다 뭐라 하는데 낮에는 보고 와서 저녁에는 수숫대를 벗겨 가지고 만든 거요. 수숫대로 지었다는 거 하나 있을 겁니다. 동네 사람들이 봤지요. 아버지는 모르고 아버지는 정상에만 빠지셔갖고요. 서까래까지는 걸었는데 그 이상은 못허겄더만요. 뿌러져 버리는 것이라 깝데기를 베껴 버리닝게요. 뿌지뽕 나무라고 까시가 있어요. 아까시 나무 까시. 까시가 질고(길고) 짱짱하고 좋아요

문 꾸지뽕나무요?

답 까시가 아주 세요 질고(길고). 고 놈을 끊어다가 심을 박았지요. 안 뿌러

지게…… 고걸로 못도 하고 가시가 큰 놈도 있고 작은 놈도 있고 여러 가지에요 탱자 나무 가시처럼 짱짱하고 가늘고 그래요 누에가 뽕이 없으면 고 놈을 따서 먹이고 그러거든요 이파리서 뜬 물도 나고 그래요 인공 지내고 인공 때 불 타 가지고 동네로 조씨들이 제각을 내리 지면서 그 양반(조만재)이 오셔가지고 동네 형님되는 사람이 말해 가지고 배우게 됐어요

문 조만재 씨 한테?

답 예 조만재 씨 한테. 예 그 양반도 혼자 오셨어요 내가 심부름꾼. 어린 게 톱도 잡아주고 가르쳐 주고 하여튼 세밀히 알려줬어요 지금 생각하면은. 하나하나 적어가면서 그런 선생이 없어요 아조 부재명까지 싹 적어 가지고 저녁에는 갈라 주고 낮에는 톱 씨는 방법까지 가르쳐 주고 다른 목수들 10년 배워도 그런 것을 알려주들 안해요 세밀히 알려 주고 적어 주고 그러시더라고 이 양반이 내 생각에는…… 나중에 생각이 났어요 그 양반이 나를 후계자로 키우고 싶어서 그러시지 않으셨나…… 그런 생각이 들더라고 그래서 거기다가 문구를 넣었지요

문 당시에 그 양반이 연세가 몇이나 되었어요?

답 열 다섯 살 적에 근 80되았어요 서울서 궁궐 일을 하다가 내려 왔다고 그래요 그 양반이 심사일 때 얘기하드라고요.

문 심사일?

답 심사열이라고 하더만요 그런 얘기를 하면서 대양리 정읍 차천자 집을 같이 지었다고 그런 말씀을 하시더라고요 근게 심사열 씨도 서울서 있다가 오시지 않았나 그렇게 생각을 하거든요

문 고택영 선생님은 심사일이 서울서 있다가 왔다는 말씀은 안 하셨어요

답 이건 내 생각이에요 그렇기 때문에 그 양반을 알지 않나. 어느 말 끝에 조계사 본 지둥(기둥)이 고주가 다 비어 있거든요 통처럼 매져서 세운 기둥들이거든요 삼베로 싸가지고 그런 말씀을 하시더라고요 근게 통처럼

싸가지고 고주를 세웠다고 가운데 구멍이 뚫려가지고 보에서 밑에서 편지를 내여 걸어 매 놨대요

문 그럼 조만재 씨가 조원재 씨인 것 같네요.

답 나는 조원재 씨를 모르거든요

답 가집(가건물)도 못 짓게 해서 저렇게 세워 놓고만 있습니다.

문 제각을 지을 때까지 조만재선생과 같이 일을 하셨나요?

답 한 1년 동안 했습니다. 톱으로 타가지고 했습니다. 손톱으로, 탱자톱으로, 부재를…… 나는 쉬는 동안에 산에 가서 산이 많이 있으니까요 부득솔을 요만큼씩 크는 놈…… 한동가리씩 끊어다가 기둥도 만들고 도리도 만들고 모조집을 만들었지요 소나무 웃동 부득솔. 조그마 했을 때는 쭉쭉 뻗어가지고 빤득빠득하니 뚱뚱하니 큰 놈 작은 놈 손바닥 만한 놈 꽉 찼지 않습니까? 나 쓰고 싶은 대로 짤라다가 껍둥만 벗겨버리면 쪼금 손 봐가지고 모조집을 만들었어요

문 그것을 조만재 선생이 봤나요?

답 예. 추녀 만드는 공식도 말씀을 그 때 주시고 그러더라고요 니가 이렇게 만들믄 추녀 둘레 통, 그것이 얼마믄 조로 후리가 어떻게 생긴다는 걸 설명을 해 주시든디 내가 지금 가만 생각해 보면은 그 양반이 나한티 세밀히 가르쳐 주고 또 전부 다 부재 이름을 적어줬는디요 내가 군대를 갔다 오는 통에 그것이 없어졌습니다. 저녁에 같이 자면서 한 방에 잤습니다. 나는 읽어 보고 적어보고 뭣인지도 모르고 이름을 외워보는 거죠 이름을 어느 정도 외기는 외웠으면 일을 하다 봉게 부재 적어준 이름이 종이가 그렇게 보물이 되어 버리더라고요 짓고 끝나고 가시고 집으로 가시고 나는 어린 게 거서 배운대로 소질이 있었던가 봐요 동네에서 물레도 만들고 베틀도 만들고 해 갖고 어머니가 길쌈하시는 거 만들어 드리고 씨 가르는 씨앗이도 만들고

문 그 분의 집이 서울이었다는 말씀인가?

답 군산으로 가신다 그래요. 그렇게 세밀하니 아르켜 줄 수가 없거든요. 내가 어려서 소질이 있었나 싹수가 있응게로 세밀히 아르쳐 줬구나.

문 그렇다면 조원재가 스승이 될 수가 있죠! 그런데 그 제각이 조원재 선생을 모셔다 지을 만한 제각이었는가? 어느 집안의 제각이었는가?

답 집안이여 집안. 평산 조씨. 잘 지은 집이었어요. 지금 저희 동네에 있어요. 인자 나중에 지어가지고 새로 지어서 그것이 부패되고 썩어 없어져서 다시 지었습니다. 관리하는 사람 없습니다. 산지기가 있었는데, 산지기가 내려 와 버렸어요. 그 양반이 소개를 해 줘서 그 양반한티 배웠거든. 근데 그 양반 이름을 몰라요. 고것이 시방 평산 조씨 제실입니다.

문 행정구역상 어떻게 되요?

답 원래는 여기가 완주군으로 따졌었습니다. 완주군 우린면으로 되야 있었는데 중긴가 어쨌는가 금산면으로 김제군으로 편입 되았거든요. 금산면 청두리(청도리). 여기 살 때 그런 얘기(빨치산 얘기)가 나왔습니다.

1.13. 그 때 덧집이 시작됐어요

문 종무소 건물인데 언제 하셨어요?

답 칠십 몇 년돈디 기억이 잘 안 나. 칠십년 말쯤 될 겁니다. 여그 써 있을 겁니다. 저기 있거든요 금산사 내력서(이력서)에 있을 겁니다.

문 금산사 건물로는 이게 첫 작품입니까?

답 여그 사무실 사무장이라고 김종구 씨라고 저 철이 있을 겁니다. 김종구 씨, 이승연 씨라고 있어요. 사무장이라고 두 분이 시방. 그 분이 소개를 해서 들어왔습니다. 이 건물을 인자 보시고 믿을만 하니까 저 처음은 요 저쪽 다 산지까지 해서 전부 다 거지반 내 손으로다 지었습니다.

문 고택영 선생은 대적광전만 말씀하시더라요?

[그림 29]
도편수 전명복이 공사한
첫 건물인 금산사 종무소

탑 대적광전을? 원래 내가 착수하는디 뭐시냐면 이름 있는 양반을 지어야 하지 않겠냐? 선생님 넣자. 그래서 고 선생님을 넣었습니다. 고택영 선생님을 편수로, 내가 부편수로 됐어요. 나는 미륵전 여기 와서 또 일을 했지요.

문 저는 미륵전 공사가 끝날 무렵에 왔었어요.

탑 89년도에 끝났거든요.

문 그 때 쯤 왔었어요.

탑 대장전 저게 두 번째 작품입니다. 신응수가 한 것은 저 뒤에 가면은…… 이것은 발굴조사 하다가 불났거든요.

문 전기선이 막 엉켜 있었어요?

탑 둘둘 말아져 있었요. 보수공사하는데…… 그전에는 아시바목이 낙엽송이었거든요. 덧집을 넣습니다. 그 때 덧집이 시작됐어요. 나 하는 걸 보고 관리국에서 그렇게 하지 않나 그래요.

문 아, 요 건물! 대장전의 (가설)덧집을 지었다 말이죠?

탑 예 지었어요. 사백장 들어갔어요. 문화재 관리청에서 누가 왔냐면 소관우라고 그 양반이 이렇게 하니까 좋다고 그래가지고 그것이 받아 들여져가지고 덧집으로 짓기 시작한 거요. 맨처음에 내가 이걸 시작했어요.

문 그 전에는 덧집하는 게 별로 없었나요?

[그림 30]
금산사 대장전의 추녀

답 덧집이 없었지요. 나무는 외송이라고 큰 나무가 없어서. 다그라스(더글라
스). 중간에 갈은 것이고 이건 그전에 있던 것이고 몇 개 갈았습니다. 원
기둥이고 문도 원래 그 자리서 있던 겁니다. 이 건물이 저 앞에 있었답
니다. 저 앞에 미륵전 앞에서 이리 옮겼다 그래요. 일본시대 때 옮겨 가
지고 요 통나무 우에 틀을 요만치 넓은 질게 만한 놈을 갖다가 드럼을
파고 넣고 못을 박아 놨더라고요. 보수하면서 그걸 제거했지요.

문 그 때는 문화재관리국에서 이런 것을 모두 다 관리를 하고 돈도 지원하
고 그랬었나요?

답 그 내역은 모르겠습니다. 전면하고 후면하고 틀버요 (포가) 전면은 제공
이 나와 있지만 쇠혓바닥이 뒤에는 그것이 없습니다. 무지기입니다. 본
래 그렇게 되어 있었습니다. 초새김이 이렇게 새겨진 초가 좀 귀하거든
요. 없어요. 연꽃 붙어 있잖아유. 그 이렇게 초를 이렇게 새긴 연꽃이 없
단 말입니다. 이것뿐이에요.

문 공사하실 때 연세가 어느 때였습니까?

답 40대 중반입니다. 요거 하고 인자 법당 짓고 88년도에 같이 시작했습니
다. 고택영 선생님은 미륵전은 관계를 안하시고…… 목탑이라 그러거든
요. (대장전 공사에서) 원래에는 추녀도 감안했었어요. 물리면서 추녀도

올리고 처마 곡선도 잡아놨죠. 집이 작으니까 어쩔 수 없어요. 사방이 밭 전자(田) 집이라서 지붕 달기가 상당히 복잡해요. 네모 반듯하니까 정사각형이에요.

1.14. 대적광전은 실측하다가 불 나 버렸거든요

문 왜 제공을 안했어요, 여기는?

답 (대적광전은) 원래 실측하다가 불 나 버렸거든요. 그러니까 실측한 것을 보고 기준으로 해서 다시 복원한 거죠. 저그가 문 열면은요 탱화가 있었거든요. 고것이 보물이었거든요. 소실되어버렸지요. 보물이 화장되어 버렸지요. 금산사에 진 건물들은 조만재 선생한테 후리 조로 배운 것을 그대로 실천해 본 것입니다. 그래갖고 처음에 지을 땐 전부다 그 기준으로 해서 걸었는데 그것을 적어 놓들 못했어요. 지금 같으면 적어 놓을 것인디. 평수에 비해서 후리 조루가 거지반 다 비슷비슷하니 이렇게 나갔어요. 큰 건물은 높게 해주고 작은 건물은 보완을 해 주고……

[그림 31]
금산사 대적광전

문 이것은 대단한 건물로 엄격하게 따지면 건축이라기보다는 탑이라고들 하는데……

답 우리야 뭘 알겠습니까마는…… 제일로 궁금한 게요 2층, 3층과 2층 사이에 공간기둥이 있거든요. 고게 5층 석탑에 기둥이 또 하나 들어가거든요. 내부 보시면 기둥이 시방 벽면으로 하나 서 있는데 5층일 경우 또 5층 저기 보시면 또 하나 더 세운단 말이에요. 고주가 서 가지고 저는 우에 가서 저렇게 해서 (올라가야지요) 그 기둥 이름이 없습니다. 그래서 고걸 찾을라고 그렇게 해도 찾질 못하겠어요

문 원래는 있었다고 보시는 거예요?

답 있다고 봐야지요. 왜냐하면 치목하는 과정에 하다 못해, 말하자면 4층 기둥, 3층 기둥 2층 기둥…… 적으면서 침목을 했을 거 아닙니까. 못 찾고 있습니다. 없었다고 볼 수도 없지요. 치목하면서 1층 부재다, 2층 부재다, 3층 부재다, 이름 명칭이 있을 거 아닙니까. 근데 이름이 없잖아요?

문 1층 부재는 이름이 다 있는데 2층, 3층은 왜 이름이 없느냐? 그 말이죠?

답 예, 하다못해 목탑 같은 데 다 찾아보면 이름이 없어요. 저 기둥 밑에 토방 올려 놓는 것이 초방(초석)이라고 하거든요. 기둥 밑에 초방 하나 올려 있잖아요? 퇴보 우에…… 초방이거든…… 초석이라고…… 초방이라고 부르는데…… 또 기대주라고도 부르거든요. 책에 그렇게 봤어요. 기둥 도가리 이서서 올렸거든요. 세 개를.

문 이런 건축물은 드믄 건축이라서…… 굉장히 고난도의 건축을 그 때 하셨

[그림 32]
금산사 미륵전의
내부 포작

던 것 같애요? 지금 보니까……

탑 요기두 올라가게끔 되어 있거든요 사다리 타고 고치기 전에는 썩어가지고 부글부글 했어요. 그걸 모르겠어요

문 언제 사고가 있었어요?

탑 저번에 부처가 손상되었거든요 어깨가 쳐저 가지고…… 토불이어요 부처님 밑은 전부 다 보수했습니다. 밑에 바닥에. 까진 나무 아까 살던 동네 이런 놈을 비어 왔어요. 일제시대 때 비어 왔다 그래요 조성한 건 일정시대 때 조성 했는가 몰라도 밑에는 똥, 일본말로 도다이죠 고것은 느티나무 큰 놈을 사각을 쳐 가지고 시험장에서 싸 가지고 세웠더라고요 그 때 다 따내 버리고 콘크리트 넣어 버렸어요

문 당시에 공사가 난공사였다고 보여집니다. 다른 건축물하고 달라서…… 기둥이 세 토막?

탑 올라가면서 가늡니다. 옛날에 평방은 있었어요 짝게 이렇게 크고 자고…… 두 조각씩 붙어 있습니다. 한 조각이 아니라…… 두 조각을 붙였어요 원래 있었던 대로 하니까요 또 그 자리에다 맞추고 밑에는 평방이 깔렸어도 2층 우에는 평방이 창방 위에다 포작을 했어요 요것이 느티나무입니다. 느티나문데 빼 버렸구만요

문 이것은 더글라스예요?

탑 예. 요것은 인공수지로 때웠어요 요 안에 고주는요 옷 떨어진 것같이 가실가실하고 기둥 뿌리가, 기둥이 무게가 못 이겨가지고 내려가면서 핀 기둥 뿌리가 꼭 옷 떨어진 것같이 걸려 있었어요 지금은 그것이 없지요 다 덮어서 해 버려가지고

탑 내가 책에도 쓸라 그랬는데 동대문, 남대문 저 그걸 들먹거린 게 그것도 원형이 아니라 생각해요 원본이. 동대문이나 남대문도 국보 1호 아닙니까. 동대문은 보물 1호고 근데 원형 그대로 있다고 나는 생각 하질 않아요 변질 되았다. 왜 그러나 2층 후리나 조루하고 단층 조리하고 틀부다

이겁니다. 원래 지을 때 같이 잡아서 지었다 이겁니다. 근데 밑에 층은 어느 정도 반듯해요 곡선이 없이. 우에 층은 곡선이 있습니다. 근데 요걸 보면 변질이 많이 되어 있다. 아래층도 당연히 있지요 잡아도 곡선이 같이 곡선이 같이 잡아졌다 이겁니다. 아래층은 비스듬히 반듯하고 우층은 많이 그렇고 아래층이 눌리지요 추녀가 눌르기 때문에 번히 쳐져 있는 줄 압니다. 누구나가 관리청이나 대목장이나 이것은 포부재가 눌려 가지고 내려갔단 걸 알아요 알면은 이것을 올려줘야 한다 이겁니다. 원형복구 할라면은. 그래도 해야 하기 때문에 그런 현상이 일어난다.

문 1957년에 남대문을 대대적인 공사를 했어요 조원재 선생이 했답니다.

답 신응수도 거기서 배웠답니다. 초기 단계가 문교부 장관 60년대 중반 들어와서 (문화재 관리이) 생기고 그랬어요 늦게 생겼어요 보면은 큰 돌 갖다가 주춧돌 밑에를 사오처럼 쌌어요 싸가지고 올라갑니다. 광화문을 지을 때. 그 전에 일할 적에는요 목수 이런 거 안 받았어요 처음에는 얼마씩 띠어 가지고 한 번씩 돈 찾으믄 많이 찾는다고 선생님 마음대로 얼마씩 주고 집에 가 버려요 많이 벌었어요 부안 동지면. 왜 그런 말씀을 했냐면은 저도 성격이 팔팔한 성격이라 선생이고 뭐시고 해 댄다고 모실 땐 모시지만 뒤틀리면 해 댄다고 제자들도 키워야 선생이 있지. 제자들 죽여 놓고 선생님 뿌리가 어디 있습니까? 잘 하는 사람들 몇 있어요 서울 근정전도 몇 년 전에 보수할 적에 안에 내 탁자 전부 다 우리 손으로 카파(합판) 짜 놓고 못 들어갔어요 지금도 옛날 그대로 보존되어 있더만요 팔지도 않는다 그래요 만들지도 않고 누가 사가지도 않고 재래식이라. 나도 원래 조선시대 때 손으로 나무 씨리고 대톱으로 나무 씨리고 요런 것을 한층 살려가지고 보존해 주는 요런 방식을 구해 봤으면 싶어서.

1.15. 인민재판 해서 죽여버린다 이거요

문 지난번에…… 그 빨치산 이야기 좀 해 주세요

답 열네 살 때 인공이 들어 왔거든요 열 네 살 때. 나 아홉 살 때는 해방이

[그림 33]
숭례문(남대문) 수리 후의
사진
(서울 남대문수리보고서, 서
울특별시교육위원회, 1962)

되고, 1945년. (열 네 살 때) 인공이 들어와 갖고 아까 밭 있던디 거가 소
나무가 이런 놈이 있었어요 굳은 짬이거든요. 단단한 땅. 뒤로 가 썩별
이라고 땅이 허부러지고 잘 파지는 땅이 있어요 썩별이라고 말하자면
마사보다 모던 땅이 있어요. 굴파기가 좋아요. 파 갖고 고기다 나무를 갖
다 놨어요. 빨치산들이 숨어 살면서 굴을 파 가지고 우리는 가을 데 소
나무 가지 묶은 놈이 있더라고요. 둘이서 그걸 져 와 버렸어요 어릴 때,
열 네 살 먹었으니까 어리지 않습니까? 인자 위장으로 됐는디 우리가 져
올 때는 거지 반 모르니까 말렸다고요. 그래서 져 와 버렸더니 그 녀석
들이 빨치산들이었던가 봐요. 우리는 못 봤지요. 근디 그 안에서 우리도
굴을 들어갔었어요. 들어가서 밥솥도 태와논(채워 놓은)게 있고 바늘도 돗
바늘 큰 거 있어요 바늘도 있고 실도 있고 뭐 여러 가지가 있어요 가자
가자 나무나 지고 가자 나무를 가져와 버렸어요. 그랬더니 저녁에 빨치
산 사람들이 온 거요. 집으로 와 가지고 인민재판 해서 죽여버린다 이거

요. 아버지가 덕인이었었어요. 남헌티 절대 나쁜 말 안 듣고 살았는데, 뒷동산 쪼금만 올라가면 늪 벌안이요. 거가서 죽자사자 빌었어요. 나는 어렸응게 잘 모르고 살려달라 빌응게로 근방 빨치산들이에요. 다 아는 사람들이에요. 살려주는 대신에 광목 몇 통하고 쌀 몇 가마니하고 소금 몇 가마니 돌라고 하더라고요. 그 때만 해도 상당히 많은 금액이었어요. 말도 못 허고 두 집, 내 친구라 했어요. 두 아버지 어머니들이 아무도 몰래 저녁에 가서 쌀하고 광목, 소금을 갖다가 뒷동산에 갖다 놔 둔 거예요. 아무도 몰래 저녁에 왔어요. 그랬더니 아침에 자고 났더니 싹 가져가고 없어. 인공 때 지낸 일이 생각나고요. 그 후로는 동네 사람들이게네 알고는 더 오지 않았죠. 아는 사람이었어요. 근방 사람인데요. 그 때만 해도 빨치산들이 많았어요. 인자 국민학교 4학년까지 다니다 말아 버렸죠. 인공이 가고 다니는데 나는 못 다녔어요.

문 아까 거기가 청도리라고 했어요?

답 지금은 김제시 금산면 청도리 하운 부락입니다. 지금 학교 있습니다. 학교 있는데 몇 명 안 되요. 우리 어릴 때만 해도 천 명 가까이 됐습니다. 2, 3반까지 있었습니다. 근데 지금은 전부 다 해서 전 학교 학생이 여나믄 명 된답니다. 폐교 하려다가 주민 반대로 폐교 못 하고 있는데 선생도 몇 명 된답니다.

문 1학년부터 그 학교 다니셨다고 했는데……

답 원래 1학년은 금산사 오늘 가셨죠? 맨 처음에 절에서 시작이 되았어요. 독 있었잖아요? 지북에? 대중방이라고 방이 큰 놈이 있었어요. 요사채 비슷허니. 거기서 중학교가 설립이 되고, 다리 밑에 건너 차집 지었다고 했잖습니까? 거기서 조금 내려오면 터가 있어요. 거가 금산리 회관이라고 있었는데 우리는 회관 다니면서 1, 2학년 편입이 돼 가지고 배우고 처음에 시작. 그러다가 거기서 철거하는 통에 밑에 동네 들어가 가지고 마을 회관에서 1, 2학년 다니다가…… 백봉남 씨가 돈이 좀 있었습니다.

금산사에서 산판을 해 가지고 돈을 좀 많이 벌었어요. 그 분이 자선 사업으로 학교 땅을 사 가지고 자기 돈으로 학교를 짓는 과정에 인자 우리가 댕기면서 심부름도 좀 해 주고 그 때는 1, 2학년이 다 나이도 많이 먹고 장가간 사람도 있었습니다. 도와주고 그러다가 우리 동네 목수들이 일 보고 가서 기웃거리고 그러다가 인자 수숫대 집이 거기서 생겼습니다. 낮에는 가서 보고 와서 집에 와서 밭에 가서 수숫대를 끊어다가 껍다구를 빗겨 가지고 칼로 만든 거요.

🈷 그 때 그 목수들은 이름있는 목수들은 아니었나요?

🈷 이름들은 별로 없었지만 거기서는 동네 여러 집에 많이 다녔어요. 예 목조로 지었어요. 말하자면 일본식으로 벳집(볏집)으로 지금으로 생각하면 칠량집으로 없어졌지요. 삼 칸이니까 한 아홉 칸 되겠네요. 맞배집이요.

🈷 목조집이니까 벽은?

🈷 아니 벽 발랐습니다. 흙벽. 유리 창문 있었고요. 처음에는 방 세 칸, 학교는 교실을 크게 지었어요. 한 십 년 이상 갔었지요. 한 6, 7년 갔네요. 그래가지고 문교부가 생기면서 양옥집을 지었지요. 벽돌집을. 예 그 자리에다가 뜯어 버리고 처음에는 벽돌 쌓아서 지었지요. 그러다가 슬라브 치고 그러다 나중에 재 슬라브로…… 세 번째 그 학교가 설립되었습니다. 4학년까지 다녔지요. 4학년 댕기다 인공 들어왔으니까요. 인공 전에 배웠어요. 공부는 거기서 끝이었지요. 원래 복학했으믄 인공이 들어오고 난리가 치니까 당최 못 다니고 결사반대해서 못 댕기게 해서 못 배웠지요. 집에서 한문 공부 좀 하고 왜 그랬냐면 배우면 도둑질만 한다고 증산교가 다 그랬었어요. 증산교 믿는 사람들은 자식들 공부 안 시켰었습니다. 쉽게 지금 생각하면 골수분자에요.

1.16. 동냥글로 배웠어요

文 학교 그만 두시고 그 다음에는 뭐 하셨어요?

答 집 안에서 나무도 하다가 집안일도 돌보다가 저녁에는 한문도 배우다가. 처음에는 나하고 같이 배웠거든요. 그 분은 자기 아들을 가르치는데 동냥글로 배웠어요. 같이 배우자 그래서 배웠습니다. 무슨 글씨나 외우는 것도 더 잘했나 봐요. 그 아들보다. 아들이 나를 싫어했어요. 못 다니게 했어요. 오지 말라고 한 4, 5개월 됐을 겁니다. 얼마 안 댕겨서 나 혼자 자습했지 집에서. 책 놓고 사자소학, 추국(치국), 명심보감 집이선 책 파도 아무 말씀 안 하시더라고요. 한문은 못 배우게 안 했어요. 마분지라고 그냥 연필로 쓰면 찢어져 버려요. 고런 종이로 썼는디 붓글씨는 괜찮게 받아요. 처음에는 연필 쓰다가 나중에는 붓으로 쓴다고요. 그럼 찢어져 버리고 없어져 버려.

文 그러면 그 때 나이가 열 대여섯……

答 열 네 살, 열 다섯 살, 열 여섯 살 그 무렵이지요. 시키는 대로 하고 일 거들어 주고

文 그 때부터 스무살때까지는 뭐하셨어요? 조만재 선생은 기억나십니까?

答 열 다섯 살 때, 가을에 조만재 선생. 기억 안 나요. 한복 입었었어요. 수염이 길든 안했어요. 제실 지으러 오셔 가지고 노인인게 아까 말씀드린 것 저기에 있었다고 뜯어 옮겼어요. 알로(아래로). 옮기면서 쓰던 나무 갈고 새 나무 교체하는데 오셔 가지고 돌봐줄 사람 말한게 동네 양반이 나를 말해 줬다고요. 내가 그런 데 소질이 있고 내가 가서 면담을 한 게 배울라면 배워봐라. 배우는디 같이 동거를 했어요. 같이 자고 같이 먹고, (아버님은) 일을 거기 배우는 거 좋아하시지요. 아주 고마운 분들이었지. 이 쪽이고 저 쪽이고 왔다갔다 그러잖아요. 또랑(도랑) 건너 사이니게요. 그러면서 1년 동안 같이 배우면서 그렇게 세밀히 가르쳐 주시더라고요.

열 네(여) 살 초죠 안 다녔죠 아무 것도 안 했어요. 동네에서 거서 배운 줄 알고 집도 고치고 그랬습니다. 초집. 스무 살 때까지는 거서 살았어요

그 양반한테 인자 배우면서 톱 쓰는 방법, 톱 다루는 방법 인자 어떻게 써야 한다는 방법, 또 먹줄 퉁기는 방법 전부 다 말씀 하시더라고요. 자세를 똑바로 해야 먹줄이 빠지지 않는다는 거. 산이 가차운게 거기서 가시면서 나더러 나 갔다올텡게 모조집이나 지어놔라. 가만히 생각해 본게 나무를 톱으로 썰어도 마땅치 않고 깡나구도 맞지 않고 머리에 후딱 떠오르더라고요. 산에 가면 요만쓱만 한 게 꽉 차게 한 두 지게 크는 그런 나무를 가서 낫을 가져가서 착착 쓸만한 놈을 뿌러 와 가지고서는 껍닥 빗끼 갖고 늘어놔 뒀죠. 2~3일 된 기로 꾸득꾸득하고 고런 다대기만한 게 똥글똘글하고 쓸만치 만들어진다고요.

📋 옛날 자치기 할 때 그 정도죠?

📋 예 그런 정도죠 그래도 기둥은 한 요만한 거로 했어요. 상당히 큰 걸로 모조집 지기로 기둥이 요만씩한 게 커요. 상판을 지었는데 요만해요. 한 10대 1은 됐을 겁니다. 한 자씩은 됐웅게. 상판이 커 가지고요 만들기가 벅차더라고요. 수직 웃등이라 물르잖아요. 잘 된다고요

📋 선생님은 어디 가셨는데?

📋 아니 선생님 연장 갖고 집에 다니러 가셨어요 한 보름만에 오셨어요 자잘한게 또 금방 또 깎아지고 대패로 깎아가지고 손톱으로 사개 타가지고 도리 갖다가 만들고 퇴보같은 것도 한 마디라도 꼬부라져서 큰 게 있어요. 고놈 적당히 끊어다가 깎아서 한 보름 되니까 만들어지더만요. 거기서 추녀 만드는 방법을 알려 주더라고요 나 깎는 걸 설명을 해 주세요 이렇게 깎고 그래서 추녀 곡선과 조루 곡선을 그 양반한테 배웠습니다. 그래서 지금도 지을 적에는 꼭 추녀 곡선을 퉁을 재 가지고 미리 추녀 만들 적에 이 곡선이 얼마 나온다 후리가 얼마 생긴다 이것까지 측정

해 가지고 지어요. 실측을 늘 하면서도 책에다 적지 않았는데요 일률적으로 내가 평고대나 후리 잡은 것은 비슷합니다요. 집 크기에 따라서 좀 더 잡을 수도 있고 내가 추녀 걸고 평고대 부연 걸어 놓으면 다 이쁘다고 그래요. 어디 가든지.

문 선생님이 일 끝나고 가시고 나서는 어떻게 지내셨어요?

답 인자 가시고 나서는 주물이라고 소쿠리라고 고걸 좀 배웠어요 그것도 몇 년 했습니다. 대나무는 사 오고 옆집에 담양서 와서 이사 와 가지고 바구니도 만들고 그런 양반이 있었어요. 잘 팔렸었죠 플라스틱이 없는 세상이라. 그래서 대를 잘 빠개요 조리같은 거 소쿠리 같은 거 해 놓으면 참 이쁘다고 합니다.

문 25살 때 군대 가셨다고요?

답 군대는 5·16혁명 나고 갔습니다. 25살인가 26살인가 갔을 거예요. 소쿠리도 만들고 담배 장사도 했었어요 전매청 담배를 쌔벼 오고 그랬어요 그 때만 해도 전매청 안에 막 창고에 가서 말입니다. 다 업자가 있어요 가서 져 오고 태권도 두어 달 배웠을 겁니다.

문 그 때는 다 그런거 하지 않았어요?

답 기피 생활을 할라고 배웠습니다. 기피 생활 할라고 기피 생활 할 적에는 요 촌에 담 보통 한 질쯤 쌓거든요 손만 닿았다하면 넘어 갔었어요 도망다닐랑게. 그래가지고 결혼하고서 군대 갔습니다. 그런 줄 몰랐죠 그 때 한창 전쟁 시절이라요 그 때는 우리 갈 때는 전쟁이 끝났고 휴전상태였었고요

문 그 당시에도 빨치산도 아직 있었지요?

답 예 빨치산들이 있었죠 짚은(깊은) 산에 지리산 같은 데 있었고 야재 다 없어지고 한 2~3년 댕겼어요 그 때 스물 하난가 나왔을 겁니다. 아 그냥 동네서 기피했어요 잡으러 와도 오면 피해 버리고요 그 때는 잽혀야 갔으니께요 자수를 했지요 (그 후에) 5·16혁명 나가지고 어쩔 수 없이

기피생활하는 사람 싹 갔지. 논산훈련소 100기생입니다. 전부 다 100기생 모두가 탈영병(기피자)들이에요. 기피생활. 그 부대들이 배치되어서 대여섯명씩 여나믄명씩 떨어졌다고요. 거기서 또 사고를 치는 거요. 분대장 뚜드려 패고 또 직싸게 뚜드려 맞고 빳다로 30대까지 맞아 봤습니다. 곡괭이 자루로. 막사는 다 지었었고 흙벽돌 집도 있고 (자대는) 9사단 양평으로 갔어요. 양평. 보병이요. 보병으로 가가지고 특기는 목공으로 갔어요. 부대 어디 가지도 못하고 부대 내에서 4일 동안 전부 다 내가 다니고 부대 목공이라 안 편해요. 훈련 받고 쉬는 날만 일하고 그랬지요. 훈련 한 번씩 빠진 적 있습니다. 부대장 일할 때 빠지지.

문 제대할 때 스물여덟 쯤 됐겠에요?

답 스물 일곱인가……

문 결혼은 몇 살에 한거예요?

답 결혼은 19에 했어요. 어머니가 병이 있어 가지고 죽기 전에 며느리 본다고 일찍 갔어요. 제가 장손이라 어딜 가들 못하고 부모님 모시고 지내다가 그래서 군대 갔지요. 휴전하고도 몇 년 있었지요. 6·25가 일 년밖에 더 갔습니까? 실제로는 몇 개월 안 되요. 인천상륙작전에 싹 없어졌잖아요. 빨치산으로 들어가 버렸지요. 그래가지고 빨치산들이 몇 년 갔습니다. 동네 사람들 다 빨치산들이 전부 다 산으로 들어가가지고 낮에는 대한민국, 밤에는 빨치산.

문 결혼은 중매로 하셨어요?

답 중매로요. 12월 10일이라 생일이 늦습니다. 5살 차입니다. 15살이죠. 나는 그렇게 안 빠른 편이에요. 늦게 가는 사람 늦게 가고 일찍 가는 사람은 일찍 가고 그랬었거든요. 30살씩 더 먹은 사람은 전투를 했었거든요. (아이가) 늦게 생긴 편이에요.

1.17. 그 빚을 갚는디 한 10년 이상 걸리더만요

문 어찌 보면 젊은 시절을 낭비도 했다고 볼 수 있겠네요?

답 (젊은 시절을) 낭비한 것이 아니라 몰라서 그랬지요. 본격적으로는 양옥 집도 많이 했어요. 삼일빌딩, 과학연구센터, 태능 거기도 했고 무역회관 남산 밑에. 중앙우체국 바로 옆에. 국회의사당 짓고 짓다가 성남시 개발 하는디 국민학교 건설하다가 시청 짓다가 나와가지고 동작동 앞에 지금 생각하면 아파트가 거기서부터 생겼어요. 나 있을 때 69년도 8년도에 터 미널 있는 데가 전부 다 쑥대밭이었거든요. 채소 갈라 먹고 땅 한 평에 50원. 그 때는 내가 다발로 받았었거든요. (강남) 개발하기 전이죠. 국군 묘지 앞에 아파트를 짓기 시작했어요. 높이가 3층인가 얕으게 지은 게 있어요. 짓다가 내려 왔습니다. (72년도에) 여기 와서 동네일도 하다가. 내가 세밀히 잘 한다고 세밀한 거 많이 했지요. 주요한 자리는 내가 많 이 했지요. 그러다가 인자 새마을 사업 터져가지고 73년돈가 동네마다 초가 걷어내고 슬레트 올리고 73년도부터 했어요. 그 뒤로 댕기면서 일 한 것이 맡아서 하다 보면 근 1억을 빚을 졌습니다. 돈을 다 안 주고 주 다 말아 버리고 추가공사 하다 보면 금방 빚이 져 버려. 그러다가 그 빚 을 갚는디 한 10년 이상 걸리더만요. 나중엔 이자 맞춰 줬죠. 다는 못 줬 어도…… 그래가지고 80년, 90년 초까지 갚았습니다. 한 10년 동안 갚았 어요.

문 정부가 지원하고 그러지 않았나요?

답 그런 것이 없었어요. 주택자금이 나와 가지고 좀 보조는 해 줬어요. 동네 일체 새로 짓고 집단적으로 인자 특혜를 받아 가지고 융자를 줘요. 주택 자금을. 그 때 88년 올림픽 때 일을 많이 했어요.

문 이정수 선생은 언제 만났어요?

답 그 분은 동네 사람이었고 우리 집을 지은 양반이라. 1940년도에 지었습니다. 해방되기 5년 전에. (그 때) 배우진 않고 국민학교 지으면서 그 와서 인자 동네사람이기 때문에 가서 보고 그것을 배우기 시작했지요. (학교는) 그 양반들이 지었어요. 예 동네에 서너 분 있었어요. 예 젤 아는 양반이 이정수 씨지요.

1.18. 금산사 일하면서 고선생을 만나게 됐죠

문 본격적으로 한옥을 지은 것은 고선생을 만나서 부터인가요?

답 금산사 일하면서 고선생을 만나게 됐죠. 소개로 (종무소 할 때는) 기술이 많이 늘은 편이지요. 그 정돈 해 냈죠. 따끔따끔 당겼어요. 허몽호라고 제주서 와 가지고 일하는 목수들이 있었어요. 고인이 되았고 김목수라고 고 근방에 목수들이 많이 있었어요. 한 70년대 후반인가 80년대 촌가 모르겠습니다.

문 2003년도 이후에 공사한 것은? 경기전 공사 한 후에……

답 숭림사 복원하고 2003년인가 4년인가 될 겁니다. 숭림사 보광전이요. (나주 동문은) 2005년돈가. 신축이요. 그리고 저 개암사 보수공사 2005년가 될 겁니다. 나주 동문 짓다가 와서 했지요.

문 2005년도에는 개암사 끝나고……

답 황씨 본가를 했습니다. 개인집이었구만요. 살림집이요. 김제시에 있는 한옥입니다. (성씨가) 고씨 고한군.

문 올해 되재 성당하기 전에는 한 것 없어요?

답 표충사. 마산 청평월사 일주문하고 종각이요. 또 다시 작년에 했습니다. 아 금년 봄이네요. 2007년도 봄. 그 놈하고 화산 되재(성당) 했구만요. 표충사로 갔구만요. 작년에는 맘이 안 맞아 못 했지요. 노임을 못 받았지요. 6개월 동안. 하긴 했을 겁니다. 서울 영화사 2004년도? 3층집 (밑에는

[그림 34] 금산사 대적광전을 찾은 생전의 고택영 대목장

콘크리트로 하고) 노인들 종무소 비슷하니 노인들 뭐해서 허가가 났어요. 그것도 부도가 나 가지고.

🔲 이제까지 공사해 오면서 특별하게 기억나는 일은 없습니까?

🔳 너무 밑에 있으니까 기억나는 것이 별로 없죠. 도움 되는 건 없어요. 천성적인 태생을 타고 나서 그런가 닦은 것은 없습니다. 조만재 선생한테 구두적으로 실습적으로 이렇게 배웠고 어려서 배웠기 때문에 참고로 할 수 밖에 없지만 그래도 도움이 많이 되고 허몽호라고 목수한테 따라 댕기면서 몇 개월 같이 댕겼습니다. 터득을 해 가지고 앞서서 넘어 치는 것은 제가 눈치가 빠릅니다. 순전히 엎어치기로 배운 거요. (조만재 선생한테서 영향이 컷습니다) 왜냐면 첫째로 모조집을 짓는 데서요 기술적인 면을 많이 습득을 했지요.

🔲 아드님은 언제부터 목수일을 하셨습니까?

[그림 35]
중학교 때 아버지 전명복을 따라 부재에 명칭 붙이기를 하다가 목수가 된 자제 전준헌

답 가가 저 중학교는 금산중학교라고 원평에 있습니다. 금산사 소관이거든요. 동국대학교에서 지은 거에요. 불교계통이거든요. 그 중학교가. 중학교 댕길 적에 내가 저 재작년 도구 없었다는 거 금산사에 독(돌) 얹은 집 있었잖아요. 지붕에. 그 집을 보수하면서 놀을 때 와가지고 공사하면서 명칭 벌였소 그 부재에다가 그걸 써 붙이라 그랬어요. 예 중학교 때요 이름 써 붙이라 그랬어요. 그 때부터 우연히 서울 가서 딴 거 했었어요 술집에 가서 술장사 하다가 안 되겠다. 불러 내려다가 가르쳤지요. 금산사 공사 할 때는 없었습니다.

문 그러면 어디를 데리고 다녔어요?

답 서울 영화사, 금당사. 내가 가르친 것이 아니라 내 제자들이 가르쳤어요 김진옥이, 이우찬이 그 밑에 가서 같이 있습니다. 계(개요)를 보면 있어요 김진옥, 이우찬. 김진옥한테 배웠어요. 또 이우찬.

문 이 사람들은 선생님의 제자라고 할 수 있나요?

답 예. 한 11년 동안 같이 있었으니까요. 88년부터 지금까지 같이 다녔으니까요. 둘만 다녔어요. (아드님이) 전준헌. 아주 잘 해요

문 김진옥씨, 이우찬씨 아래에 아드님이 들어가겠네요?

답 예. 계보에 그렇게 되어 있어요. 김진옥이 이우찬이. 88년도부터 같이 다

넜어요. 2007년까지 같이 하고 있습니다. 아주 잘 해요. (이분들 연세가) 쉰 여덟, 쉰 아홉인가 개띠니까 쉰 아홉이죠 (이우찬 씨는) 아니 두 살 적어요. 쉰 일곱. (아드님은) 마흔 일곱입니다. 내가 소띠고 김진옥이가 소띠고 또 우리 아들이 소띠여. 열 두 살 차이. 일년에 폿집 하나씩은 깨 뺀히 지었어요. 주로 폿집을 많이 짓는 편이어요. 같이 다니다가 딴 데로 파견 보냈어요. 같이 있다가 파견 나갔다가 그래요. 진도? 진도 가서 우 리 아들이랑 같이 하는 사람이 하도 해 돌라고 해서 파견 보냈어요 아 들은 지금 대구에 있어요. 가는 보수기술자(면허증)까지 있어요

2. 생애 기술(記述)4)

2.1. 내가 살아온 과거를 뒤돌아보며

서기 1945년 8월 15일 해방이 되어 마을마다 한글을 배려고(배우려고) 남 녀노소를 막론하고 낮에는 일하고 고된 몸을 이끌고 밤이면 한글을 가르치 는 목소리와 따라 배우는 목소리가 내 귀에는 너무나 쟁쟁하게 들어왔다. 그러나 나는 배우고 싶은 한글을 배울 수가 없었다. 증산교를 믿는 종 교인들은 자식들에게 글을 배우지 못하도록 선생께서 강력히 강조하였기 때문이다. 그런 이유로 배우고 싶은 공부를 할 수가 없었다. 단 하나의 이

---

4) 이 생애 기술은 도편수 전명복이 그의 제자이자 자제인 전준헌에게 들려주기 위해서 쓰기 시작했다고 한다. 전명복은 이미 말했듯이 그는 초등학교 4학년 수준의 글쓰기로 기록하였으 며 그것을 필자가 일부 수정을 가하여 독자들이 읽기 쉽도록 하였다. 그러나 전명복의 글쓰 기 의도가 손상되지 않도록 그의 초고를 가급적 살리도록 노력하였다. 따라서 대화체와 문장 체가 뒤섞이기도 하고 시제의 앞뒤가 맞지 않는 경우도 있다. 더욱이 앞서 생애조사에 언급 되었던 내용도 상당부분 중복되고 있다.

유는 자식을 가르쳐 글을 알면 붓 끝으로 도적질을 한다는 선생의 말을 존중하기 때문 이였다. 아이들은 저녁에 배운 본문을 연필·공책도 없이 나무 가지를 꺾어 땅바닥에 써본다. 부모님들이 장에 가서 공책도 아닌 마분지라 하는 종이를 사다주시면 그 종이를 칼로 잘라 공책 만하게 책을 매여 본문을 적어본다. 연필도 질이 안 좋아 글씨를 쓰면 종이가 찢어지고 글씨가 희미해서 보이지도 않는다. 하지만 그런 종이조차 살 돈이 없어 나뭇가지를 꺾어 땅 바닥

[그림 36] 도편수 전명복의 제자이자 전수자인 아들 전준헌 목수

에 써보는 아이들을 보고 나는 그 아이들한테서 본문을 배웠다. 지금에 와서 지나간 과거를 생각하면 그때 그 시절을 잊을 수가 없다.

땅바닥에 ㄱ, ㄴ, ㄷ, ㄹ, ㅁ, ㅂ, ㅅ, ㅇ, ㅈ, ㅊ, ㅋ, ㅌ, ㅍ, ㅎ……

가갸거겨고교구규그기, 가나다라마바사아자차카타파하, 각간갈감갑갓……

위의 본문 글자들을 선생이 '각'하면 '각'하고 따라 배우던 목소리들이 육십년이 훨씬 넘은 지금도 생생하다.

해방된 이듬해인 1946년에 금산사에서는 대중방을 교실로 하고 중학교 과정 1, 2학년을 가르치고 마을회관에서는 국민학교 1, 2학년을 선발하여 가르치는데 나는 공부를 하고 싶어 어머니를 졸라 댔다. 땔나무를 매일 한 짐씩 하기로 하고 어렵게 어머니의 승낙을 받았다. 아버지 몰래 집에서는 지게를 지고 집을 나가 아이들과 같이 학교를 가는데 나는 지게를

지고가고 아이들은 책보따리를 들고 가고, 가다가 중간 산속에 지게를 감추어두고 아이들과 학교로 가서 오전에는 공부를 하다가 오후에는 감추어둔 지게를 짊어지고 가서 나무를 해가지고 집에 온다. 일부러 아버지가 보실 수 있는 곳에 부려두고 땔 나무를 한 척(하는 척)하며 며칠을 다녔다.

내가 사는 동네에서 금산사 학교 가는 길은 산속 길이기에 공부하고 나무를 해가지고 집에 오기가 가능한 일이었다 하루는 한 친구의 말이 우리들이 명복이랑 공부하고 오면서 한 아름씩 주워 주면 안 되겠나 하니까 모두들 그렇게 하자 친구들의 공론이 있었다. 나도 오후에도 공부를 하고 집에 오면서 열 명이 넘는 친구들의 도움을 받아 한사람이 반 아람씩만 주워도 나무 짐은 더 많았다.

그렇게 며칠을 다녔다. 아버지께서는 진즉 알고 계셨던 것 같다. 하루는 공부를 하고 나무를 해가지고 집을 오니까 왠지 집안이 써늘하고 조용해서 눈치를 살폈다. 부모님들께서 싸우신 것 같다. 자식들조차 눈뜬 봉사를 만들려고 왜 지가 하고 싶은 공부도 못하게 말리느냐고 아버지하고 어머니하고 방안에서 싸우셨다고 동생들이 말했다.

아버지께서 생각을 바꾸셨는지 저녁에 나를 부르시더니 하시는 말씀이 "네가 공부를 해서 글을 알고 사는 것은 좋다. 그러나 글을 알아서 좋은 점도 있지만 알아서 나쁜 일도 생긴다. 이 험난한 세상에 잘난 체 하다가 눈총 받고, 아는 체 하다가 버림받는 사람이 되어서는 절대로 안 된다. 수상수하를 막론하고 인사예절이 밝아야하고 하루에 몇 번을 만나도 만날 때마다 인사깔이 밝아야하고 남을 존중할지 아는 사람이 되어야지, 안다고 고개를 숙일 줄 모르는 사람이 되여서는 안 된다. 사람은 서로가 서로를 존중하고 서로 의지하며 서로 돕고 살줄 아는 게 사람이 지켜야 의무이자 아버지의 숙염(신념)이니 나를 욕되게 하는 일이 없도록 머리에 새겨두어라" 말씀하셨다. "네, 아버님의 말씀, 평생을 두고 마음깊이 간직하고 실천하겠습니다".

아버지가 나한테 하고 싶은 말은 "첫째는 남한테 음해를 끼쳐서는 안 되고, 둘째는 재물을 탐내지 않을 것이요, 수상수하를 막론하고 존중하고 존경해야하고, 셋째는 남으로부터 힘을 빌려 손가락질 받지 않도록 주의하고 내가 손해 본다는 쪽을 택하고 마음을 비우고 살면 덕인은 못되어도 마음만은 편하다"였다.

누구나가 사리사욕만 챙기는 요즈음 험난한 앞날에 살아남기 힘들다. 명심해라 하시면서 글공부를 하고 싶으면 해라 하셨다. 아버지께서 승낙하셔서 그날부터 친구 집에 감추어 두고 있던 공책도 집으로 가져오고 책보도 만들고 가슴을 펴고 모처럼 학교를 다니게 되었다. 이삼일 다니다가 금산사 입구에 있는 마을회관이 철거하게 되서고 금산리 용화동 함평 마을회관으로 이사를 가게 되었다. 금산리 함평 회관에서 2, 3개월 다니던 도중 금산리 용화동에 계시는 백복남씨가 용화동에 땅을 사서 학교를 짓는다고 하여 공부하다가 학교 짓는 현장에 청소하러 갔다. 우리 마을 아저씨가 두 분이 계시고 청도리 이정수씨 아저씨도 목수 일을 하고 계셨다.

이정수씨 아저씨는 우리 집을 지으셨다 하여 이따금 오셨기에 목수일 하시는 줄 이미 알지만 우리 마을 사시는 두 분은 목수일 하시는 줄을 몰랐다. 나는 한 동네 아저씨들께서 계시기에 가까이 가서 일하시는 모습을 유심히 살펴볼 수 있었다.

학교를 끝마치고 집에 오면 뒷밭에 가서 쑤수대 큰 것, 작은 것들을 집으로 가져와 껍질을 벗기어 톱은 양철을 가위로 톱니를 잘게 만들고 끌은 양철로 기둥사개에 맞게 가위로 잘라서 끝을 숫둑(숫돌)에 갈아 만들었다. 학교수업이 끝나면 날마다 목수 일하시는 아저씨 옆에서 일하시는 모습을 눈여겨 살펴보고 집에 와서 그대로 부재를 만들었다. 하나하나 두었다가 기둥을 새우려하니 땅위에다는 세울 수가 없어 생각해 낸 것이 학교 짓는데, 가서 판자 한쪽 달라하고 못 열다섯 개만 주라하였다. 판자에 못을 박아 기둥을 못에 꽂으면 되것구나 생각이 났다. 수업이 끝나자마자

학교 짓는 대로 가서 정수 아저씨한테 가서 "못 열다섯 개 하고 판자 네 뽐(뼘)만 주세요"하니까 정수아저씨가 하시는 말씀이 "이놈 또 무슨 짓 하려고 그러지!" 하시며 "어이 자네들 내 말 좀 들어 보소. 5년 전 명복이 저놈 집을 내가 지었는데 내가 도리에 먹을 놓고 있으니까 저놈이 지어머니한테 가더니 실을 주라고 조르더라고. 실패를 주니까 너놈발로 두발을 끊어서 실 양쪽에 못을 묶더니 부엌으로 가서 솥 밑에 껌장을 그릇에다 홀터 담드라고. 그릇에 물을 부어 나무 조각으로 막 문지르더니 실을 그릇에 정궈서 나무 양쪽에 돌로 못을 한쪽 박고 한쪽은 실을 팽팽 하게 땡겨 박더니 내가 한 그대로 먹실을 퉁기는 것을 봤네. 아 저놈 크면 큰 대목 될 놈이야." 말하시고 웃으시며 "너 쓸 만큼 가져가거라, 어이 자내가 판자 한 토막 끊어 주소." 나는 끊어 주신 판자를 집으로 가져 와서 어머니한테 오늘 학교 짓는 대 가서 정수아저씨한테 판자 네 뽐(뼘)만 달라 했다고 아저씨가 하신 말씀을 어머니께 물었더니 "응 니가 그랬서야, 너 하는 것을 보시고 '앗다! 저놈 큰 대목 되것다'" 그랬단다.

판자에 센치자로 연필 줄을 그어 한 칸의 길이가 15센치씩 만들어 놓았기에 15센치 간격으로 눈목자(目) 형식으로 그려서 못을 줄그은 십자지점에 박았다. 못끝이 판자 뒷면에 못끝이 나오니까 직선으로 박지 못한 까닭에 이리 저리 틀어져 재보니 2, 5, 10미리가 좌우 앞뒤로 흐트러져 나와 있었다.

곰곰이 생각해보니 박은 못을 빼서 반대로 박으면 되것다는 생각했다. 돌맹이로 못 끝을 두둘겨 판자 평면까지는 빼놓았으나 판자에서 못을 뺄 도구가 없어 무엇으로 어떤 방식으로 빼낼까 집안을 돌아다니며 찾았다. 낫 두 가락이 헛간에 걸려있다. 집안에 못을 뺄만한 도구는 이 낫 두 가락 뿐이다. 낫 두 가락을 이용하여 못을 빼는 방법을 연구해 본 결과 낫 끝을 끈으로 묶은 다음 호미 자루로 고이고, 낫 끝에 묶은 옆에 못대가리를 걸어 댕겨보니 못이 빠져 성공이다. 못을 다 빼고 나서 낫을 갖다 두려고 낫

날을 보니 낫에 못대가리 단 자리마다 낫날이 이글어지고 이가 빠졌다. 제자리에 갖다 두고 다음날 학교에서 수업이 끝나고 집으로 곧장 와서 책보를 방에 던져 놓고 집을 만들려고 나오니까 어머니께서 부르셨다. 어머니한테 갔더니 "너 어제 낫으로 무엇을 했길래 낫 이빨을 빼놓았냐"고 하시며 "아버지가 너 오면 혼낸다"하여 집 부재를 다른 곳으로 감추어 놓았다. 친구들과 놀다 집에 오니 아버지가 산에서 나무를 해가지고 오셨다. 아버지께서 부르시기에 혼 날 각오를 하고 잘못했다고 빌려는 차에 아버지께서 미리 하시는 말씀이 "이놈아 망치가 없으면 사달라고 하지 낫니(낫이)를 다 빼놓았냐"고 하시며 타이르시고 웃으셨다.

혼이 날 각오를 했었는데 타이르시고 마시는 것이 나는 너무나 흡족했다. 나는 좋아서 감추어 두었던 것을 가져왔다. 판자의 연필 금이 밑으로 가게 엎어놓고 못을 돌로 박고 뒤집어보니 못 끝이 연필로 그린 십자선으로 나왔다. 그러나 원래 박힌 대로 틀어져 있어 돌로 두들겨 수직으로 잡으려 하니 못 중간이 휘었다. 생각해 보니 낫등으로 두들겨 잡으면 될 것 같아 낫등으로 판자에 붙여 두들겼더니 똑바로 잡혔다. 쑤수대(수숫대)로 만든 기둥을 중심에 못으로 꽂아 구멍을 내여 판자에 박힌 못에 꽂았더니, 약간은 틀렸어도 대충 줄이 맞아 장여·도리·보를 맞출 수가 있었다.

오량에 동자주를 세우려니 거기에 맞는 못이 없어 고민하다가 생각해 낸 것이 구지뽕나무 가시가 생각났다. 방에 들어가서 어머니 바느질하실 때 사용하는 가위를 가져다 뒷동산에 올라가서 가위로 꾸지뽕나무 가시를 적당히 잘라 가지고 왔다. 오량도 조립을 하고 도리 상양(상량) 대공도 조립을 하고 연목도 쑤수대 모가지 껍질을 벗겨 센치 자로 재서 잘라 박아 연목까지는 걸었다. 그러나 그 이상은 불가능하여 작업을 중단하고 두었더니 동네 사람들이 보시고 탄복했다.

2.2. 낮에는 대원들이 빨치산 밥해 주었다고

열 살 먹은 아이가 만든 기둥 사개며 도리, 주먹장 공법이 목수 일을 배운 사람 같이 만들다니 재주가 아주 특출한 놈이다. 누가 가르쳐줄 사람도 없을 뿐 아니라 저 혼자서 이런 정도 집을 만들 수 있다는 게 아주 특별한 놈이다고 말들 하였다. 사람들이 다니는 길가에 두었기 때문에 오고가는 사람들은 누구나 볼 수 있었다. 그 소문을 듣고 우리 집을 지으신 청도리에 사시는 이정수씨께서 국민학교 짓는 데에서 판자 못을 가져갖기 때문에 일부러 오셔서 보시고는 이놈이 다섯 살 때 먹줄을 퉁기는 것을 보았는데 아직 에린 놈이 이런 정도 공법을 보고 와서 했다는 것은 다 크면 목수 일 안 배워도 충분히 집 지을 수 있는 재주을 가지고 있다 하시며 가셨다고 어머니께서 말씀하셨다.

학교를 다 짓고 새 학교로 옮김과 동시에 나는 2학년이 되어 다니던 중, 봄 삼월말경 뽈문(골문)을 나무로 만들었는데 뽈대(볼대)를 타고 올라가서 팔로 매달려 건너가서 내려오는 학생은 전교에서 나하나 뿐이었다. 팔심도 세고 몸도 날쌔어서 별명이 다람쥐라 불렀다. 매일 한 번씩은 뽈대를 건너 다녔다. 하루는 뽈대를 건너가다 중간에서 건네(그네?)를 타다 뽈대(골대) 위에 걸 친 나무가 못이 빠져 내가 떨어지면서 뽈문(골문) 위에 건너지른 나무가 내 허리에 떨어졌다. 내가 기절을 하여 정신을 잃었는데, 얼마나 지났는지 깨어보니 학교 직무실이였다. 선생님 전체가 내 옆에 앉아 계셨고 학생들도 선생님 옆에 서 있다가 내가 깨어나는 것을 보고 박수를 치며 교장선생님께서 명복이 살았다 하시며 큰소리로 외쳤다. 담임선생님께서 나를 데리고 우리 집까지 데리다 주시며 며칠 집에서 단방약이라도 해 먹여 어알을 풀라고 부모님한테 말씀하시고 선생님은 학교로 가셨다. 한 십오일 정도는 학교를 가지 못했다.

하루는 어머니가 옆집에서 놀다 오시더니 경용이 아버지께서 너 한문 배우려면 저녁에 와서 경용이랑 같이 배우라 했다고 한다. 어머님께서 하시는 말씀을 듣고 그날 저녁부터 갔더니 천자문을 주시며 가르쳐주시기로 했다. 저녁이면 하루도 안 빠지고 일 년 반쯤 배워 천자문, 사자소학, 축우, 명심보감을 배우는데 경용이가 싫어하는 눈치가 보여 그만 그만 드었다. 왜 싫어했냐 하면 경용이보다 훨씬 늦게 배면서도 내가 저보다 붓글씨도 잘 쓰고 한문공부도 잘하니까 싫어하는 것이었다. 그날로부터 안 가고 집에서 배운 것을 자습만하였다. 6·25가 터져 국민학교도 사학년 다니다 그만두고 글손을 놓았다.

공산주의정권이 일 년이 좀 넘어 다시 대한민국이 수복이 되고 지방에 공산주의 사상가는 산 속으로 들어가 빨치산 생활을 하였다. 우리 집 뒷동산 산속에 빨치산들이 토굴을 파고 솔가지 다발로 굴 앞에 위장을 해놓고 굴속에서 살고 있었다. 그것을 모르고 내 친구 창순이와 둘이서 솔가지 다발을 집으로 저 왔다. 그날 저녁에 빨치산들이 4명이 우리 집에 와서 우리 집 식구들을 데려다 다 죽인다 엄포를 했다. 온 식구들이 살려달라고 손이 발이 되도록 빌며 애원을 해도 따라오라 하여 이제 우리 식구는 몰살당하는구나 하고 살려만 달라고 애원을 했다. 그럼 다 남고 아버지만 따라오라 하여 아버지만 모시고 뒷동산으로 올라 가셨다. 가서보니까 나랑같이 나무 져온 창순이 아버지도 거기에 데려다 놓았다고 한다. 빨치산이 하는 말이 둘 다 죽여야 하지만 전세완을 보아서 살려 줄테니 광목 열 통, 소금 네 가마, 쌀 열 가마니를 내일 저녁 밤 열두시까지 뒷동산 묘 옆에 놓고 가되 만약 다른 사람한테 말하거나 소문이 나면 그때는 두 집식구들은 몰살할 터이니 알아서 하라하였다고 한다. 두 집 부모님들께서는 이튼 날 낮에 광목, 쌀, 소금, 몰래 팔아다 집으로 가져왔다가 늦은 저녁에 뒷동산으로 저 다두고 집으로 왔다. 빨치산 그 사람들은 동네 사람도 있거니와 모두 얼굴을 아는 사람들이었다. 자식들의 잘못으로 두 집 부모님의 두 세상을 사시게 한 일도 있었다. 두 분들이 덕인이 아니고 인심을 잃었다면 꼼짝없이 생을 마감했을지도 모를 일이었다. 그런 일을 당하고 나서 아버님께서 나한테 하시는 말씀이 "뺨을 때리면 때린 사람 손을 만져 드려라" 하신 말씀을 지금도 되새겨 본다.

낮에는 (토벌)대원들이 빨치산 밥해 주었다고 데려다 영창에 가두고 목 나무로 때려 병신이 되고 밤이면 빨치산이 내려와서 쌀, 된장, 간장을 뒤져서 가져가기에 독아지를 땅을 파고 묻고 곡식을 독 속에 붓고 뚜껑을 덮어 땔나무로 위장을 하여 다른 사람 눈에 띠지 않게 퍼다 밥을 지어 먹고 살았다. 빨치산들이 들녘에 가서 쌀을 털어 가지고 가다 늙고 젊고를 떠나서 짐을 질 수 있는 사람이면 짐을 지워 앞세우고 갔다. 안 가려고 뭉청거리면 돌로 때려죽이거나, 짐을 지워 데리고 간 사람 중에는 집으로 돌아 온 사람은 열 명 중 한두 사람뿐이었다. 집에 젊은 사람 있는 집은 부엌 바닥이나 방독 밑을 굴을 파고 저녁이면 숨어 살던 험한 시절이었다. 동리에서도 좌파 우파 갈려 서로 염탐하고 연락하여 낮에는 우익들이, 밤에는 좌익들이 죽이고 또 죽이고 힘없는 농민들만 이리죽고, 저리죽고 사로가 서로를 경계하고 사람을 두려워하고 살던 그 시절이 지금도 생각하면 몸에 소름이 끼친다.

세월은 흘러 민주주의 정치가 자리를 잡고 평온이 되어 마음 놓고 사는데 평산조씨 제실이 동네에서 좀 떨어져 산기슬기에 있는데 동네 안으로 뜯어 옮기는 일 때문에 산지기 하는 나보다 손위에인 형님이 찾아왔다. 제실 짓는 목수가 집짓는데 거들어 줄만한 사람을 구해 달라 하여 동생 말을 했더니 데리고 와 보라하였다고 한다. 따라갔더니 좀 어리기는 하나 그리 힘은 안 드니까 시켜보지 하시며 나랑같이 해 볼 생각이 있냐고 물으시기에 저도 목수 일을 좀 배우려고 하든 차에 승낙을 해주시니 감사합니다하고, 내일부터는 선생님과 함께 기거를 하 면서 열심히 거들어 드리겠습니다 했다. 다음날 날이 새자 아머님께 밥을 일찍 해달라니까 하시는 말씀이 너 어디 가려느냐 하시기로 오늘부터 평산조씨 제실 옮겨 짓는데

[그림 37] 평산조씨 제각

와서 심부름도 해주고 배우라 하시어 우리 집 옆이고 동네이니까 목수 일을 배울 기회가 좋으니 밥은 집에 와 먹고 잠은 선생님과 같이 잘납니다 했다. 나의 생각은 같이 자면서 부재이름과 집을 짓는 과정을 하나하나 물어 공책에 적어 배우라고 선생님과 같이 자려고 했었다.

"그때만 해도 통나무에 먹을 놓아 나무로 삼바리를 만들어 그 위에 걸쳐놓고 탱자톱 큰 것 내리가리로 선생님은 위에서 밀고 나는 밑에서 당겼다. 톱을 어떻게 실으셨길래 한자가 넘는 소나무가 서푼 정도는 쓸러져도 힘이 들지 않고 틀어지지도 않고 먹줄따라 내려가는데 처음 해보는 일이지만 신기하고 재미있었다. "선생님 다른 분들이 말하는데 톱질하기가 힘든다 하던데 톱을 어떻게 실으셨기에 아 큰나무를 타는네 힘이 안드는 무슨 비결이 있습니까" 질문을 드렸더니 선생님께서 하시는 말씀이 "암 톱날을 실을 때 어떻게 실으냐에 따라 잘 들고 잘 안 쓸어지고 하니까 차차 하다보만 네가 말 안 해도 가르쳐줄 터이니 우선 톱이 흔들리지 않도록 꼭 잘 잡고 먹줄 바로 잘 당겨라" 하셨다. "무슨 일이든 처음에 똑바로 배워야지" 하시며 "다른 애 같으면 물어보지도 못할 말을 너는 묻는구나 내가 여러 목수들을 가르쳤지만 톱에 대해서 꼼꼼히 물어보는 사람은 너뿐이다. 내일 낮에 톱을 실어야 하니까 나 톱 실은 걸 잘 보아라. 실으면서 설명을 해 주마. 목수는 톱을 제대로 실어 쓸 줄 알아야 톱질하기가 수월하고 잘못 실으면 똑바로 타지지 않고 먹줄을 타고 내려가야 하는데 먹줄을 타고 내려가지 않고 이탈하려고 하니까 힘이 들고 바르게 타질 수가 없기 때문에 목수의 생명이나 같다. 톱을 제대로 싫어 쓰는 목수가 별로 없다".

선생님께서 지나간 옛이야기를 하시며 일을 하다보니 해가 지는 줄도 모르고 컴컴해 지는 줄도 몰랐는데 저녁식사 하라 해서야 손발도 안 씻고 저녁을 잡수시고 씻는다 하시며 가시고 나는 우리 집으로 건너와 저녁을 먹고 선생님 기거하시는 방으로 가서 선생님과 자면서 나는 곰곰이 생각해보았다. 오늘은 선생님과 처음 자기 때문에 물어보지 못하고 앞으로 물어볼 날이 많으니까 그냥 자야지 붓으로 한문글자를 써보다 처음으로 일을 해서 그런지 피곤해서 누워 잤다.

자고 일어나 아침을 먹고 나무 쓰는 일터로 가서 작업하는 장소를 청소하고 있으니 선생님께서 아침을 잡수시고 작업장에 오시더니 하시는 말씀이 "오전에는 통나무에 먹을 놓아야 겠다. 내가 먹을 놓을 테니까 잘 보아라. 먹을 놓으면서 설명도 해 줄터이니 잘 보고 잘 들어라" 하시며 처음에 해야 할 일은 통나무 양머리에 수직으로 다름(다림)을 보아 위아래에 먹칼로 일직선으로 점을 찍었다. 다음 먹칼로 표시해 둔 지점에 먹줄을 정확하게 팽팽하게 당기어 왼손 엄지손가락으로 정확히 누른 다음 먹을 퉁겼다. 몸자세를 똑바로 잡고 먹줄을 엄지와 인지 두 손가락으로 똑같이 하여 먹줄을 퉁겼다. 먹줄을 잡은 엄지와 인지와의 직사각형의 형태에서 인지 안 첫마디와 먹줄을 잡은 두 손가락의 직선이 일치하도록 몸자세와 손자세가 올바르게 되어야 먹줄이 곧게 처지는 법인데 만약 인지의 손톱에 먹줄이 걸릴 수도 있으니 이점 유의해서 퉁기도록 주의 하여야 한다고 하셨다.

내가 설명한대로 먹을 쳐 보아라 하셨다. 나는 선생님이 가르치신 그대로 통나무 양쪽에 먹통으로 다름(다림)을 봐서 몸자세를 똑바로 한 다음 먹줄을 쳐서 먹통을 왼손으로 잡고 일어서서 통나무에 수직으로 친 먹줄과 길게 친 먹줄과 서로 일직선이 되어 먹줄이 바로 쳐졌나 확인까지 하니까 선생님께서 하시는 말씀이 이놈이 한술 더 뜨네 하셨다.

실은 앞서 선생님께서 하시는 걸 눈 여겨 보았기에 그대로 따라 한 것뿐인데 선생님이 하신 말씀이 나는 기분이 좋았다. 선생님도 먹을 치시고 나도 따라 먹을 놓는데 다름(다림)을 볼 때에는 가까이 바라보는 것보다 멀리 보는 것이 더 정확하다고 생각되었다. 먹통을 잡을 적에는 언제나 몸자세를 바르게 하는 버릇이 몸에 배어야한다는 것을 알았다.

2.3. 톱이 각도가 좌우로 87~88도 정도가 가장 적합하다

톱날이 나무를 끊는 톱날과 나무를 타는 톱날로 구분하여 톱니가 구분되어 있는데 나무를 타는 톱니는 굵어야 하고 나무를 끊는 톱니는 잘아야 한다. 나무를 자르는 톱날각도는 85도 정도가 제일 좋다. 이빨이 옥으면(옥으면) 욕심이 많아 힘이 들고 먹금을 따라 끊기지 않고 틀어질 우려가 많고 벋으면 톱이 미끄럽고 톱이 안 든다.

톱날의 각도를 몇 도로 맞추어 실으냐에 따라 잘 들고 잘 안 들고 결정된다. 지금까지 말한 것은 톱날이 톱자루 속으로 옥은(욱은) 것을 말한 것이고 이제는 톱니를 뾰쪽하게 줄로 실어야 하는데 실기 전에 톱니를 하나는 좌측, 하나는 우측 순번적으로 아사리(?)를 만들어야 하는데 너무 많이 톱니를 재끼면 톱이 들지 않고 톱니가 안 재껴지면 들기는 잘 하나 톱이 나무에 끼어 힘이 많이 들며 나무를 끊을 수도 없다.

톱이 각도가 좌우로 87~88도 정도가 가장 적합하다. 이제부터는 톱을 세워 놓고 양발로 90도로 세운 다음 줄을 수평 되게 잡은 다음 톱날 끝을 수평 되게 살짝 문질러 톱날이 직선으로 일치하게 문지른 다음 톱니를 실른데 톱니가 재껴진 안쪽을 80도 정도 각도로 실어내고 톱이 뒤쪽도 45도 정도로 실른데 톱이 끝이 재껴진 쪽 끝이 약간 히득하게 비치도록 싫어낸다.

좌측 우측 다 실은 다음 톱날 끝을 톱자루 쪽은 높고 톱판 끝 쪽은 약간 낮게 톱니를 살짝 눌러 문질러야 하는데 톱날 끝이 히뜩하게 남겨둔 것이 안보일 정도만 살짝 실어내야지 손에 힘을 주어 실으면 너무나 눌러 실어내면 잘 들지도 않을뿐더러 톱날이 들쑥날쑥하여 톱질할 때 톱질이 부드럽지 않고 끊긴 톱자리도 곱지 못하다.

다음은 내리가리(?) 즉 나무를 짜개는 톱날을 설명과 실습을 겸하여 해 보기로 하자. 나무를 타는 톱의 각도는 톱자루 쪽으로 75도에서 80도 정도 옥게(욱게) 실되 먼저 톱날 아사리(?)를 적합하게 재껴 날 끝을 높고 낮은 대가 없이 가지런히 문지른 다음 톱날을 싫을 적에 90도 직각으로 뒷면 앞면을 이 끝이 약간 히뜩하게 보이도록 실어 톱이 끝을 히뜩 히뜩 보이는 부분을 앞이 높고 뒤가 낮게 직각으로 살짝 살짝 눌러 실어야 나무를 타는데 잘 타지는 것이다.

이제부터 실은 톱을 사용해 보자. 실험삼아 쓸어보면 잘 실렀으면 먹줄 따라 쓸어지지만 먹줄을 따라 타지지 않고 먹줄을 이탈하면 먹줄 밖으로 쓸어지는 쪽이 톱니가 높거나 톱니가 더 재껴졌기에 톱니가 높고 공간이 많은 쪽으로 틀어지는 법이다. 톱니가 높으면 높은 쪽을 살짝 줄로 눌러 톱니 높이를 맞추고 톱니가 더 제껴졌으면 망치로 뒤쪽에서 앞쪽으로 살짝 눌러 앞쪽으로 밀어주면 고르게 잡힌다. 그래도 틀어지면 줄로 뒤쪽에서 앞쪽으로 살짝 밀어주면 된다. 탱자줄톱을 사용하는 방법도 끊고 타는 나무 크기에 따라 다르지만 둘이서 사용하는 톱이지만 혼자서도 재목을 끊거나 탈 경우가 있다.

톱날과 톱등은 먹금과 일직선이 되도록 하여 톱이 흔들리지 않게 느리게 쓸리는 것이 확고하다. 나무를 다루는 목수는 똑바로 끊고 똑바로 타고 해야하기 때문에 나무를 끊고 타는 게 목수들이 해야 하는 일이기에 끊고 타는 것을 제대로 못하면 목수가 될 수 없다. 톱을 다루다보면 톱소리만 들어도 톱이 잘 드는지 안 드는지 알게 된다. 오늘은 네가 실은 톱을 가지고 나무를 타보자 하시며 내가 실은 톱을 가져오라 하셨다.

　내가 실은 톱을 갖다 드렸더니 삼발 위에 통나무를 올려놓고 앉아서 당겨봐라 하시며 올라서서 나무를 타는데 한자쯤 쓸다가 먹줄 바로 타지지 않고 틀어지려고 하네요. 알았다 하시며 톱날이 한쪽이 약간 더 재껴진 모양이다. 줄을 가져오너라. 줄을 갖다 드렸더니 톱날 뒤에서 앞쪽으로 스르르 문대시더니 이제 되었다 하시며 처음 실은 톱치고는 잘 실은 샘이다 하시며 쓸어보자 말씀하시어 앉아서 당겨보니 선생님이 실은 톱보다는 덜 들지만 쓸어보니 내가 생각해도 먹줄따라 잘 쓸어졌다.

　하루하루 일을 하다보니 재목도 쓸어서 대패질을 해야 하는데 학교 짓는 데에서 대패질하는 것을 보았기에 따라하면 되겠지 하고 서 있었는데 선생님은 연장통에서 대패 두 가락을 가져오시더니 한가락에서 날을 빼어 주시면서 나를 따라 갈아 보아라 하시며 "술둑(숫돌)도 저기 있다. 갖다 갈아라" 하시여 물을 떠다 놓고 선생님 하시는 것을 보며 가는데 선생님이 하시는 말씀이 "대패 날을 술둑에 딱 부치고 두 손으로 대팻날을 흔들리지 않게 꽉 잡고 골구로(골고루) 잘 갈아야한다" 하시며 내가 가는 걸 보시고 웃으시며 하시는 말씀이 "너 눈치가 빨라 쉽게 배우겠다. 여기에서 배우면 초가집은 짓겠다. 열심히 해보아라"고 하신다. 그날 저녁에 백지에다 붓으로 재목 명칭을 적어 주시면서 외어라 하시여 나도 붓으로 부재 명칭을 한문으로 붓글씨 공부도 겸하여 며칠을 저녁마다 써 보았더니 적어주신 부재명칭을 외우기는 하였으나 어떤 개 장여이고 어떤 개 도리인지 구별을 못하다가 치목을 시작하여 기둥 사개도 쓸고 사개도 파고 중방 구멍도 파고 보에 동자주 구멍도 파보니 하나하나 부재를 알기 시작하니까 재미가 있었다.

선생님하고 주두, 소로, 부연, 추녀, 사래 등 따라 하다 보니 자연히 부재명칭을 알게 되었다. 치목을 다하고 주추를 놓으려고 주추 놓을 자리의 땅을 다진 다음 집을 질 터 중앙에 말뚝을 박고 땅바닥과 비슷하게 끊어 냈다. 9자 쯤 되는 각재를 십자먹을 놓아 맨 위 십자먹 교차지점이 보일 정도로 사각을 연필처럼 자귀로 깍아내고 십자먹자리에 못을 박아 실이 돌 수 있도록 올미(올무)처럼 단단히 묶었다. 다음 십자 먹을 놓아 실을 묶은 각재를 말뚝위에 못으로 고정하고 네 군데에 버팀목을 바친 다음 열두 자 나무자를 만들어 십자먹줄에 붙여대었다. 자끝과 실을 붙여 나무 자가 눈으로 보아 수평으로 되면 자 끝 먹줄과 실을 먹줄에 댄 지점에 먹을 찍어 가는 나무로 나무자와 실에 먹찍은 높이로 말뚝을 정확하게 박은 다음 사방을 반복하여 정확하게 하여 박은 말둑 위가 수평이 된다.

네 군데 말뚝 위에 집 주추 놓기에 필요한 데까지 멀리 실을 띄워 말뚝을 박아 묶으면 수평이 되니까 좌행을 어떻게 놓든 수평 잡는 데에는 상관이 없다.

2.4. 옛날에는 그런 식으로 수평을 잡아 집을 지었다

옛날에는 그런 식으로 수평을 잡아 집을 지었다. 한 칸 한 칸의 자수에 따라 주추를 놓고 주추에 십자 먹을 치고 수평선과 주추의 십자 먹금의 공간 높이를 제되 기둥이 한 자이면 십자 먹에서 한 자로 주추에 먹칼로 찍은 다음 그 자리를 수평으로 친 실과 주추에 먹칼로 찍은 자리를 재여 그 자리에 나이를 적어 둔다. 이런 식으로 주추마다 나이를 표시해 두고 기둥을 세워 다름(다림)을 보아 기둥을 바로 세우고 기둥 길이에 맞추어 주추에 적어 둔 나이를 기둥 길에 보태어 그링이(그렝이)로 그리되 기둥에 그려지는 위치와 주추 위에 그링이 끝이 수직으로 일치해야 그려서 기둥에 그려진 금 밑을 파내고 기둥을 세우면 깊고 높은 자리에 제대로 앉게 돼지, 그링이로 기둥에 그릴 때 틀어지게 그려지면 주추에 십자선 먹줄과 기둥에 먹줄이 맞질 않고 틀어지게 된다.

그런 점을 유의하여 하도록 해야 한다. 기둥을 귀솟음이나 안쏠림에 대하여 말해주마. 기둥 크기에 따라 다르다. 기둥이 한자 이하는 오, 육푼 안쏠림을 하는 것이 적합하고 기둥이 한자가 넘으면 기둥에 따라 안쏠림을 하는 것이 그 집의 균형과 조화를 이룰 수 있고 귀솟음도 칸이 많고 집이 크면 귀솟음을 더 주고 우주 옆 기둥도 조화를 이룰 수 있게 솟음을 주는 것이 효과적이다. 귀솟음에 맞게 장여나 도리도 치목을 해야 하는 단점이 생긴다. 귀솟음의 원리에 맞지 않게 치목이 되면 조립하는 과정이 혼란스럽다. 부재맞춤에 제자리를 찾지 못하고 어긋나 맞춤의 새가 터서 보기에 흉하다. 익공집일 경우는 그런대로 짜 맞출 수 있지만 폿집일 경우에는 귀 쪽이 제자리에 맞는 것이 하나가 없고 귀 쪽 조립에 큰 혼란이 생긴다.

귀솟음의 원리에 따라 치목이 되어야 하는 법이다. 귀솟음을 하는 원리는 시아(시각)의 안정감과 서까래를 걸어 조로를 잡는 데에 편리하고 평고대를 거는 데에 약간의 곡선이 생겨 평고대를 걸 때 유리하다. 평고대가 수평으로 걸리면 밑에서 볼 적에 중간이 약간 높게 보이기에 이 점을 미리 고안하여 하는 것이 귀솟음을 잘 수행하는 것으로 안다. 안쏠림하는 기둥은 밖으로 오푼을 내어 쏠림한다면 기둥뿌리 십자먹을 오푼을 들여 먹을 놓아 그 먹금에 맞추어 사개나 중방, 하방 구멍을 파야 문틀이 수직으로 설치된다. 안쏠림 하는 것을 잊고 평소에 하는 대로 먹을 놓아 중, 하방을 드리면 하방 쪽이 밖으로 내밀어 문틀이 수직으로 설치가 안 되고 시각적으로도 내밀어 보인다.

이런 정도 말했으면 다음에 집 짓는데 도움이 될 것이다. 이제부터는 조로와 후리에 대해서 알려주마. 예를 들어 전면 9자 5칸 측면 5자, 9자 X

5자(45자에 19자) 기둥은 길이 10자로 하고 추녀는 왕치십자 먹을 기점을 두고 추녀 내목(오량에 얹힐 부분 쪽)에 양옆에 수평과 수직으로 먹을 놓은 다음 5자 퇴니까 1자 4치 1푼 4리 곱하기 5자는 7자 7푼 보태기 5치는 7자 5치 7푼에 먹칼로 꺾어 표시하고 추녀 코 양옆에 7-5-7푼에 표시해 둔 데에 정확하게 먹줄을 놓은 다음 왕치 위에 놓일 추녀 바닥에서 추녀 등 쪽으로 각도에 맞추어 자로 재어 1자 1치에서 1자 2, 3치가 조로 잡는 대 적합하다.

이제는 밖으로 나갈 추녀길이를 알아보자. 서까래를 도리 밖으로 빠지는 길이가 4자로 정하고 추녀길이를 5자 6치 6푼인데 더하기 1자를 보태면 6자 6치 6푼으로 계산되어 추녀의 길이가 14자 2치 3푼인데 15자 이상 되어야 쓴다. 추녀를 조립하고 평고대를 전면에 3개, 측면에 2개로 거는 것이 편리하다. 서까래 치목도 도리등 위가 5치면 한 자 반쯤 나와 배부름 식으로 깎아 서까래 코를 4치로 종말하는 것이 효과적이다.

서까래 나이도 뜰 적에 연자 나이 뜰 판에 연자코 곡을 5푼을 들이고 연자코에 평고대 붙을 자리도 4치 미만은 9푼이면 적합하고 5치 이상은 1치 정도가 적합하다. 연자코에서 4자 4치 들어가 먹칼로 표시하고 표시한 데에서 안으로 5자 5치 들어가서 먹칼로 표시하여 표시한 중앙에 각재로 박고 연목 나이를 뜬다. 반 정도는 10살 미만이 좋으며 절반은 15~16정도가 적합하다.

연목을 걸 때에도 평고대 이음자리부터 먼저 걸고 자로 확인하고 양 추녀 쪽도 평고대를 얹어 놓고 막장 옆에 평연 하나 붙일 자리를 남겨놓고 평연을 걸되 먼저 걸린 연목보다 2푼 정도 내밀게 걸어 수평을 보아 확인한다. 다음 실로 줄을 쳐 높고 낮은 데없이 중앙이 6푼 정도 낮게 약간의 곡선을 주어 중간 중간 연목을 걸어 제대로 걸리는가 꼼꼼히 확인하며 걸되 연자 코 쪽도 2푼 정도의 눈에 띠이지 않는 후리가 있게 해야 양쪽 추녀 쪽에서 볼 때 내밀어 보이지 않으며 전면 중앙에서 볼 때 중앙을 6푼

낮게 걸었기에 높게 안보이고 수평으로 보이게 되는데 수평으로 걸어 놓으면 중앙이 시각적으로 볼 적에 높게 보인다.

추녀도 수평을 보아 도리에 맞게 앉히고 나서 추녀 코에서 5치 들어가서 평고대에 맞추어 추녀 양 옆을 한 치 낮추어 평고대에 맞게 파내고 갈모산방도 2치, 3치일 경우 8푼을 빗쓸어 추녀에 맞추어 붙여 보면 대패로 약간 손보면 잘 맞는다.

조로와 후리를 누르고 댕겨서 정확하게 잘 잡아야 선자를 붙인 후 집 모양이 아름답다. 평고대를 조로와 후리를 병목해서 연목을 정확하게 걸어야 사람으로 말하면 이발하고 고대질하고 화장한 사람처럼 집도 조로와 후리가 조화를 잘 이루어야 아름다운 집이 된다. 추녀위에 사래를 붙일 적에 추녀등에서 사래끝 아래를 수평을 보아 사래 끝이 추녀 끝보다 3치에서 3치 5푼 정도 높아야 보기에 좋고 평부연이 한자 7치면 사래길이는 3자 4치 평부연의 두배하면 적당하다.

조로가 2자 3치 후리가 2자 3치로 조로와 후리가 같아야 잘 어울린다. 사래 시공과 부연 시공에 따라 1, 2치 시공방법에 따라 다를 수도 있지만 연목코에서 부연코에 수평을 맞추는 것이 알맞다. 연목의 조로 흐름에 따라 부연을 붙이면 평여자 부분은 수평으로 가다가 선자부분이 자연스럽게 곡이 생겨 조로가 되고 자연적으로 들어가 후리가 되여 한국 목조건축의 아름다운 미를 지니게 되는 것이다. 전체 물매는 6할이 적합하고 방풍 설치도 도리 중심 먹에서 1자 들어가서 설치하는 것이 좋으며 방풍 대공도 상량도리에 2치 정도 높이 방풍도리를 설치하는 것이 좋다.

일 끝나고 저녁이면 집짓는 설명을 선생님으로부터 이야기로 나마 듣다 보면 밤이 깊어가는 줄도 모르고 설명을 듣고 잤다. 낮에는 실습으로 배우다보니 아쉽게도 제실 웃지붕 일이 끝나, 기와일 하는 동안 집에 다녀오겠다 하시며 "너는 나 집에 갔다 오는 동안 제실을 십대 일로 축소하여 모조 집을 만들어라" 하시었다. 기둥과 도리는 산에 가서 적당한 소나무를 한 마디씩 잘라 지게에 짊어지고 와서 탈피를 한 후 대패로 기둥은 1치 2푼, 도리는 1치로 원형 가다(틀)를 만들어 그렸다. 둥글게 만들어 놓고 창방과 장여도 만들어서 두고 주두 소로도 만들 재료를 타고 깎아서 만든 다음 치목을 시작하였다. 기둥사개도 만들고 창방도 만들고 단여, 장여, 주두, 소로, 보, 퇴보, 측보, 동자주, 오량창방, 오량장여, 상량대공, 상량창방, 상량도리 등 6일 만에 치목을 다하였다.

쉽게 치목을 한 것은 부득 솔마디를 끊어올 때 적당한 소나무 마딥(마디)을 잘라 왔기에 쉽게 치목을 할 수 있었고 저녁에도 밤늦도록 하였기 때문이었다.

제실건물은 전면 5간 측면 전후퇴 3간인데 모조건물은 전면3간 측면3간으로 하였기 때문에 쉽게 한 것 같다. 모조 집을 만드는데 어려운 것은 장여, 단여가 1푼에 5푼이라서 잘게 쓸어 단여 주먹장 들어갈 데를 만드는 데가 작고 가늘어서 좀 어려웠고 다른 부재는 쉬운 편이었다.

기둥에는 장여하방, 창방단여, 창방주두, 소로장여, 도리, 보, 퇴보, 측보, 5량동자주, 5량단여, 5량창방, 주두소로, 장여도리, 5량보, 대공, 창방소로, 상량대공, 상량장여, 도리 순서로 조립하였다. 추녀를 만드는 중에 선생님께서 오셔서 만든 모조 집을 보시고 "단익공집은 지을 실력을 갖추었으니 내가 그 동안 밤낮으로 가르친 보람이 있구나. 열여섯 살 어린아이가 이런 정도 해냈다니 대견하구나. 여기와 일한 보람이 나한테는 아주 크다. 노력하면 노력한 만큼의 기쁨이 오는 거란다" 하시며 큰 칭찬을 하시었다.

2.5. 추녀 만드는 방법을 알려주마

머리 속에 잘 새겨 두어라. 네 개의 추녀가 같을 수는 없다. 지붕기와를 어떤 기와를 이느냐에 따라 추녀의 곡선을 치목하는 방식이 각각 다르지

[그림 38] 추녀의 치목

만 한식 토기와를 이을 예산을 하고 먹을 놓아 보아라. 추녀의 통에서 위로 왕치 십자먹에서 5량 왕치 십자먹 사이의 길이를 계산하여 재서 표 해 놓고 추녀의 코등에서 오량에 닿을 데에다 먹줄을 퉁겨 추녀통이 1자이상 되여야 조로가 보기 좋게 되는 법이다. 알추녀나 덧추녀가 조로의 곡이 부족할 때 사용하는 부재이다. 덧 추녀를 시공하면 보기도 좋아지지만 알 추녀를 설치하는 집은 흔치는 않다. 창방, 장여 수장부재를 탈 때 나무의 등이 위로나 아래로 놓고 다름(다림)을 보아 심먹을 퉁긴 다음 정해진 치 수로 좌측, 우측에 먹을 놓아 타야 한다. 만약 굽은 쪽이 좌측이나 우측으로 가게 해 놓고 다름(다림)을 보아 치수를 갈라 먹을 놓아 타 놓으면 굽은 쪽으로 휘어진다. 굽은 쪽을 위로 놓고 탈 때도 굽은 쪽 등이 위로 가게 설치해야지 만약 휘어진 등이 아래로 가게 설치하면 아래로 휘여진다. 모 든 부재를 휘어진 등 쪽이 위로 가게 설치하는 것을 명심해야 한다. 지금 은 제재소가 생겨 재제를 해오지만 나무를 사용하는 방법은 목수라면 당 연히 알아야 한다.

기둥도 세울 때 남쪽과 북쪽을 가려서 세우는데 남쪽은 나이테가 크고 북쪽은 나이테가 작다. 그리고 가지도 남쪽으로 많이 뻗기 때문에 옹이도 남쪽이 많다. 남쪽이 바깥쪽으로 나오게 하고 북쪽은 안쪽으로 가게 세우는 것이 금이 작고 덜 벌어진다. 북쪽에서 자란 나무는 남쪽에서 자란 나무보다 수명은 좀 짧지만 틀어지는 비율이 적다. 남쪽에서 자란 나무는 기둥재료가 적당하고 북쪽에서 자란 나무는 수장, 창방, 도리 등이 적합하다.

소나무 종류도 여러 가지다. 적송, 흑송, 백송, 아엽송, 황송, 금강송, 강송, 황장송, 춘양송, 잣송, 해송으로 구분하는데 껍질이 붉은 소나무는 적송으로 부르고 껍질이 검은 소나무는 흑송이라고 하고 솔잎이 가늘고 짧아 아엽송이라 하고 백송은 솔잎이 조금 작은 편에 속하고 나무껍질이 은사시나무와 비슷한 흰색이며 황송은 잎이 노란색을 띠어 희귀종으로 보기 드문 나무고 잣송은 잘 크고 송진이 많으며 해송은 해변에서 잘 자란다.

2.6. 소나무의 질을 알아보자

1. 적송 : 한국에서 자란 적송은 껍질이 붉어서 적송이라고 부르는데 전국 어디서나 분포되어 있으나 기후에 따라 질이 다르다. 남쪽지방에서 자란 나무는 보편적으로 굵게 크고 수명은 좀 길지만 북쪽에서 자란

나무 보다는 질이 떨어진다. 소나무는 해지는 쪽으로 틀어진다. 생목으로 수장목을 타려면 다름(다림)을 보아 수직 중심 먹에서 위쪽은 좌측, 아래는 우측 1푼씩을 내서 먹을 놓으면 전체적으로 2푼이 동쪽으로 틀어지게 타진다. 약간 건조되면 바로 잡힌다.

2. 흑송 : 흑송도 전국적으로 분포되어 있지만 많지 않다. 틀어지는 율이 적어 수장목으로 적합한 나무다. 소나무껍질이 검어 흑송이라고 부르는데 적송보다는 속이 흰 편이다. 이 흑송도 위 적송에 먹놓는 방식으로 하는 게 편리하다

3. 아엽송 : 곧게 크는 편이기는 하나 잘 크지 않는 편에 속하고 나이테가 잘고 마디가 많으며 큰 나무가 별로 없다. 가지가 잘아 마딥(매듭? 마디)

이 작고 틀어지는 율이 아주 적다. 이 나무도 속이 희며 아주 소수로 전국에 분포되어 있다

4. 잣송 : 잣나무를 잣송이라 하는데 곧게 크고 잘 크는 편이며 송진이 많은 편이다. 재질은 무르나 틀어지는 율이 적고 질이 좋아 마루재로 쓰기에 좋은 나무다. (오래된 기둥재나 마루장을 보면 소나무와 수명은 차이가 없다 생각된다) 틀어지는 율도 제일 적다. 해가 갈수록 단단해지는 게 잣나무다.

5. 해송 : 해변에 바닷바람을 맞아야 잘 자라는 나무다. 내륙에도 분포되어 있으나 자라는 데는 해변만큼은 못한 것으로 생각된다. 나무질은 재목으로는 좋은 편이 못된다. 그러나 일반가옥의 목조건축에 사용한 집이 더러는 보이나 기둥뿌리가 쉬 상한다.

6. 백송 : 나무가 희며 육질이 무른 편이고 희귀종이기에 보호종으로 지정되어 있다. 어떤 대사가 중국에 가서 갖다 심은 나무라고 한다. 전국에서 두 군데에 있다한다. 그 중 하나는 서울 조계사 내에 있다.

7. 춘양목 : 춘양목은 강화, 원주, 강릉, 삼척, 춘양지방에 분포되어 자생하고 있다. 나무껍질도 붉거니와 속도 붉다. 재질이 좋아 목조건축에 다용도로 사용되어 왔다. 문호재(창호재)로도 사용을 많이 쓰는 질이 좋은 나무이다. 해가 갈수록 강해지며 붉어지며 윤기가 난다.

8. 금강송 : 금강송은 춘양, 봉화지방에 분포되어 군락지를 이루고 있다. 껍질도 붉은색보다는 누런색에 가깝고 재색도 많다. 속도 누런 색깔을 띤다. 그래서인지 황장목이라고도 하고 강송이라고도 한다. 나무가 질이 좋아 터지는 율이 극소수다. 틀어지는 율도 아주 적다. 질이 좋아서인지 서울 궁궐들은 금강송, 황장목, 강송 들을 쓴다. 육질이 강해서 수명도 길다. 오랜 세월이 지나도 변질이 별로 없다. 목조집 짓는 대는 아주 안성마춤이다. 지대가 높고 다른 지방보다 춥기 때문에 소나무가 곧고 품질이 좋게 자랄 수 있는 여건을 가지게 되어 건축자재로 좋은 것으로 생각이 된다.

9. 느티나무 : 지방에서는 귀목나무라고도 하는데 고찰 보수를 해보면 기둥을 느티나무로 시공해 놓은 것을 보면 수명이 길다. 1985년에 전북 김제 금산사에 미륵전 사천왕 불상이 흔들려 보수하려고 밑을 파내고 보니 느티나무로 1자반 사각으로 만든 불좌대가 있었는데, 몇 백 년이 넘은 세월 속에 썩지 않고 생생하고 땅 속에 묻혀 있어도 성성한 것을 보면 무 송천년이라 하지만 느티나무도 천년을 훨씬 넘길 수 있는 아주 수명이 긴 나무라고 생각된다.

10. 떡가람나무(떡갈나무) : 이 수종도 참나무나 비슷하나 입이 넓다. 떡 가람나무나 도토리나무는 직경 3자 이상 크지만 참나무는 1자반 이상 크 는 나무는 드물다. 떡가람나무나 도토리나무로 기둥은 더러 만든 아주 오 래된 집들에서 볼 수가 있다. 떡가람나무나 도토리나무도 수명이 길다고 생각된다. 그러나 느티나무만은 못한 것 같다.

11. 더글라스 퍼 : 최근 우리나라에 여러 종류의 수종이 들어오고 있다. 그중에서 북미산 다가라스(더글라스 퍼)가 질이 좋은 편이다. 흠이라면 좀 수질이 억센 편이라서 딱딱한 점이라 하겠다. 소나무와 북미산 다가라스 를 비에 맞게 두어보면 다가라스보다 소나무가 먼저 썩는다. 육송은 3~4 년 비 맞으면 썩기 시작한다. 그러나 북미산 다가라스와 러시아산 적송 소스나(sosna)는 겉만 검지 속은 성성하다. 비를 안 맞게 하여 보관하여 약 16~17년 두고 실험 이나 아직까지는 별차이 보이지 않는다. 허나 소나무 는 생목 때는 물러서 치목하기가 수월하다. 건조가 되어 해가 지날수록 목징이 강해진다. 다가라스 재질은 딱딱하고 강해서 치목하기가 힘이 드 나 청이 잘 안 나 습기가 많은 여름철에는 편리한 점은 있다. 그러나 다가 라스 부재는 치목 과정에 주의할 점이 많다. 현재 우리나라에 들어와 있 는 수종들을 여기저기 실험하기 위하여 보관 중에 있으나 아직까지는 비 슷한 것 같다.

여러 수종을 치목을 해보면 육송은 마딥(마디)이 부드럽고 대자귀로 치목하기도 수월하나, 다른 잡목들은 마딥(마디)이 억새어 대자귀도 잘 찍히지도 않고 치목하기가 힘들고 더디다. 모든 나무들이 해 따라 서쪽으로 틀어지나, 북미산 다가라스는 서쪽에서 동쪽으로 틀어지는 것들이 있다. 대개가 우측에서 좌측으로 틀어지나, 좌측에서 우측으로 돌아가고 금이 가는 다가라스가 있다. 지구의 반대편에서 자란 나무라서 좌측에서 우측으로 돌아가고 터지는지 또는 북미산이라 하지만 틀린 수종인지 그 원인이 궁금하다.

12. 전나무: 어느 지역에서 잘 자라며 곧게 크고, 재질은 약간 무른 편이나 마딥(마디)은 상당히 억새고 강하다. 틀어지는 율이 아주 적으며 나무는 흰 편이다. 터지는 율도 적다. 질은 미송 비슷한 습성을 지니고 있다. 수명도 미송처럼 백년을 못 넘긴다 한다. 느티나무나 참나무, 도토리, 떡갈나무는 천년이 훨씬 넘은 기둥들로 고찰에 가면 더러 눈에 띄지만 전나무는 눈에 띄지를 않는다. 참나무, 느티나무, 도토리나무는 겨울이면 잎이 떨어진다. 그러나 전나무는 겨울에도 잎이 떨어지지 않는다.

13. 호시칸: 호시칸은 수입송이다. 수질이 국산 소나무와 비슷하여 착각하기 쉽다. 껍질도 국산 소나무와 비슷하다. 나이테도 비슷하나 옹이에서 송진이 많아 집을 진 몇 년 후에도 송진이 흘러 나와 지저분하며 마루를 시공한 후 몇 년 후에도 송진이 나와 앉으면 옷에 묻는 게 단점이다. 그러나 제재소에서 굵은 호시칸을 갖다가 한자반이 넘는 굵은 것은 국산 소나무로 섞어서 팔기도 하는 나무다.

14. 칠레송: 나이테가 크고 무른 편이다. 다른 나무에 비해서 습기에 약하고 쉽게 상한다. 예를 들어 온돌방의 하방으로 쓴다면 2년 정도 가면 썩어서 구멍이 뚫려 옆방 불빛이 들어오는 걸 경험한 일이 있다. 건조한 상태에서는 백년 이상은 갈 수는 있지만 약한 것은 틀림없다.

15. 리기다 송: 우리나라에 전국적으로 심어진 시기는 박정희 대통령 때인 1960년대이다. 어려서는 잘 자라지만 10여 년이 지나면 성장률이 떨

어진다. 대개는 곧게 자라기는 하나 각재로 타놓으면 틀어지는 율이 많다. 연목으로 사용해보면 생목 때는 처지는 편이며 부러지지는 않는다. 좀 질 긴 편이다. 목조 집 자재로써는 부적절한 편이다.

16. **도토리나무**: 고사찰 기둥을 보면 간혹 도토리나무로 기둥을 쓴 것을 볼 수 있다. 대개는 떡가람나무가 기둥으로 쓰인다. 참나무로 기둥을 쓴 집은 귀하다. 참나무로 자반이 넘게 크는 나무는 아직 나는 보지를 못하였다. 떡가람나무, 도토리나무는 3자 정도의 큰 나무는 흔히 볼 수 있다. 참나무로는 중방, 하방, 장여, 도리 등으로 쓴 것들을 고가에서 볼 수 있다.

17. **미송**: 일반 목조건축에 보편적으로 많이 쓰고 있는 수종이지만 재질이 물러 쉽게 썩는 편이며 재질이 약하기 때문에 벌어지는 율은 적다. 습기에 약하기에 쉽게 썩는다. 목조건축에는 적합하지 못한 나무이다. 미송이나 칠레송이 가격이 싸기 때문에 일반 가정집 짓는데 많이 쓰인다.

2.7. 내가 이 나이 먹도록 배우려고 하는 놈은 너를 보았다

나는 선생님이 하시는 말씀을 귀담아 들었고 선생님의 하신 말씀을 종이에 적어두고 외웠다. 그것은 내가 살아나갈 앞날을 생각하며 이런 산중에서 살면 평생 가난을 벗어날 길이 없을 것이라고 생각하여 직업을 목수 일이라도 배워 살아볼 생각이었다. 이런 기회가 나에게는 큰 행운이라고 생각되어 선생님에게 성가시도록 물어보고 또 물어 여기에서 배워보자는 생각이었다.

저녁에 밤이 깊도록 물어보아도 선생님께서는 귀찮게 생각 안하시고 물어보는 것이 좋으신지, 배우려고 노력하는 것이 좋으신지 한 번도 귀찮게 생각 하시는 일이 없었다. 원칙에 의해 세심하고 꼼꼼히 가르쳐 주셨다. 말로만 배워서는 쉽게 잃어버릴 수 있으니까 제실 마루 놓을 때, 관리인 집을 지을 적에는 네가 먹을 그려봐라 하시며, 너 하는 것으로 보니 배우려는 욕심이 많구나, 내가 생각하는 점이 있어 내가 할 수 있는 데까지는 가르쳐줄 생각이니 조금도 어려워하지 말고 꼼꼼히 배워라고 하셨다.

"내가 이 나이 먹도록 배우려고 하는 놈은 너를 보았다. 어디가도 남한테 뒤지지 않을 정도는 가르쳐 줄 터이니 그리 알고 열심히 배워 보아라. 어떤 일이 되었던 기본적인 공식과 정확한 치목 또한 지으려는 집의 추녀를 어떻게 치목해야 그 집의 조로·후리가 그 집의 균형이 잘 잡힐 것인가를 머릿속에 생각해두고 집을 지어야 보기가 좋은 집이 지어지는 법이다."

"처음에 제대로 잘 배워야 하지 여기저기에서 조금씩 배우다보면 목수마다 추녀 평고대 쓰는 방식이 조금씩은 다르다 왜 너한테 이런 말을 하느냐면 경험이 많아야 장단점을 찾아 내어 그 집을 내 생각대로 지어낼 수 있기에 하는 말이다. 나도 네 나이쯤 되어서 우연히 너같이 목수일이 배우고 싶어 배웠단다. 배우면서 고생도 많이 했고 1년이면 집에는 한두 번 갔다 오고 객지로만 일평생을 넘겼지만 그래도 하루 일하면 쌀 한말씩을 벌었으니까 먹고사는 데는 괜찮았다. 내가 볼 적에 너 하는 걸 보면 조금만 배우고 네가 성장하면 어떤 집이든 충분히 지어낼 능력을 지닐 수 있다고 판단되어 하나라도 더 가르쳐주려 하니 네 소심껏 배워라."

하루하루 하다 보니 제실 마루도 끝나고 관리실 지을 목재를 채취해다 사각기둥을 탱자톱으로 타서 선생님은 대패질을 하고 나는 기둥에 먹을 놓아 사개에 먹을 그렸다. 수장 구멍도 선생님 시키는 대로 그리고 파서 놓고 도리, 퇴보, 보, 주두, 소로, 보도 선생님과 같이 치목을 해서 집을 완공하고 내가 모형 집 만드는 것도 완전히 마무리 하여 선생님께 보여드렸더니 하나하나 살펴보시고 "아주 잘했다. 흠 잡을 데 없이 잘했다. 그래 됐다. 이런 정도면 잘 했는데 이제 설명을 해 보아라. 추녀 뜬 곡선 잡은 거하고 서까래 선자 치목 조립 방법에 대해서만 설명해 보아라" 말씀하셨다. 나는 다음과 같이 설명하였다.

"추녀 통이 한 자 통이니까 조로곡이 한자 여덟치고, 추녀 밖으로 빼낸 평연이 넉자이니까 한자에 한자 네 치 한 푼 사리 곱하기 4는 5자 2치 5푼 6리 더하기 추녀의 통 1자를 보태니 총길이는 6자 6치 5푼 육리 인데 2치를 빼고 6자 4치로 하고, 양쪽 추녀 등에서 실을 띠여 후리와 조로를 확인해 본 결과 조로 곡은 2자, 후리도 한자 아홉 치 5푼 정도 되어 있었습니다."

2.8. 다음은 사래부 시공 방법을 설명한다

선생님은 또 설명하셨다.

사래를 걸 때는 12자를 양 끝 쪽으로 3자 5치에서 부연 꼬리처럼 빗쓸어 추녀 등에 잘 맞도록 치목을 하고 사래코도 추녀코에 옥음(욱음)을 맞추어 주는 것이 좋다. 부연길이가 1자 6치일 때 사래길이는 2자 2치 2푼인데 추녀의 통 1자 1치의 절반 5치 5푼을 더하여 2자 7치 7푼으로 만드는 공식을 알아 두어야 하며 사래를 걸때 추녀 코에서 수평을 보아 사래코 및 바닥이 3치정도 쳐드는 것이 적합하다. 평부연은 연목코에서 부연코에 수평을 맞추어 주는 것이 적합하다. 좌우측 평연자 막장까지는 평연자의 조로를 맞추어 주고 선자연을 따라 조로후리를 자연스럽게 맞추어 주면 보기가 좋다. 지붕의 전체 물매는 5. 5부 내지 6부 이하로 잡아야 적합하여 지붕에 토기와를 이였을 때 지붕이 아름답다.

물매가 6부 이상 넘어가면 보기도 안 좋으며 기와장이 흘러내릴 우려가 많다. 지금까지 내가 한 말 잘 새겨듣고 기억해 두었다가 실천에 옮기면 목조건축의 진미를 알게 될 것이다. 앞으로 목수 일을 하면서 무턱대고 하지 말고 생각하고 또 연구하여 하되 다른 목수들이 지여놓은 집들을 관찰하여 단점은 버리고 장점은 머리속에 간직하고 적절한 시기에 써먹을 줄 알아야 보기 좋은 집을 지를 수 있으며 큰대목이 될 수 있는 터전을 이룰 수 있고 명장(明匠)이 될 수 있다. 이제 너하고 작별할 날도 며칠 남지 않구나. 너는 누구한테 가서 일을 하든 너는 무엇이든 충분히 잘 할 수 있으리라 생각된다.

하시며 대패 하나 큰자귀 하나 톱 하나 끌 두개를 주시며 그동안 애썼다 하시는 말씀에 나는 너무 아쉬웠다.

몇 달만 더 배웠으면 잘 할 수 있을 텐데 목수 일만 더 하신다면 선생님을 따라 갔을 텐데 이제 연세가 많아 그만두신다 하시기에 따라 가지 못하고 선생님이 가신 그날부터 나는 목수 일을 더 이상 배울 수가 없었다. 그 후 집에서 집안일도 도와주고 가끔 동네 목수일도 하며 지내다 삼년동안 군복무를 마치고 집에 와 보니 농사일 아니면 다른 할일이 없어 죽세공을 배워 대나무를 짜개어 소코리(소쿠리)도 만들었다.

목수 일이 있으면 목수 일도 하고 농사도 지으며 때로 소코리도 만들며 지내다가 금산사 인가에 허몽호 목수가 일을 하러 가자하여 따라 가게 되었다. 고창(읍)성에 가서 상문도 보수하고 안내판도 새로 짓고 제실, 살림집도 짓기도 했다. 이 사람 저 사람 따라다니며 일을 하다 고택영 선생님을 만나게 되었다. 서울 성균관 명륜당, 진사식당, 덕수궁, 창경궁 숙정문, 문경새재 이관문을 짓고, 그 밖에도 각 지방으로 다니며 문화재 사찰, 향교, 제실, 가옥 등 많은 일을 했다. 그러던 중 금산사 절에서 일을 보고 계시던 김종구씨의 소개로 금산사 입구에 미륵전을 지어 달라하여 금산사에 첫발을 딛게 되었다. 미륵전을 짓고 그다음 종무소, 상서전, 하서전, 화장실까지 지었다. 대장전을 해체 보수하는 과정에서는 낙엽송 400본을 사다가 덧집을 짓고 함석으로 웃지붕을 덮어 비가 맞지 않도록 해놓고 부재에 번호를 붙여 해체를 했다. 상한 부재는 새 부재로 교체하고 성한 부재는 재사용하여 조립하는 과정에 도청 감독관인 소관우씨와 문화재청 김

주태 감독관이 와서 보고, "이렇게 덧집을 짓고 해체 보수를 해야 되겠구나" 하며 문화재청에 보고하여 앞으로 덧집짓는 예산을 편성하여 설계를 하라고 해야 겠다 하며 자랑(?)도 하였다. 아마 덧집을 짓고 일하기는 내가 처음인 것 같았다.

2.9. 고택영 스승을 모시고

고택영 선생님을 스승으로 모시고 대목 일을 배우기 시작한지도 어언 23년이란 세월이 지났다. 선생님은 돌아가시고 사진 몇 장과 내 머리 속에 추억만 남아있다.

맨 처음에 서울궁궐보수로부터 숙정문, 명륜당, 진사식당, 문경세재, 2, 3관문을 비롯하여 전국을 따라다니며 대자귀 쓰는 방법, 기둥, 도리, 보, 만드는 방법들을 하나하나 세밀하고 꼼꼼히 실습과 설명으로 가르쳐 주셨다. 또 추녀 만드는 방법과 사래 만드는 방법

[그림 39]
도편수 전명복의 스승의 한사람인
생전의 고택영

을 실습과 설명으로 자세히 가르켜 주시고 평연자 치목공법과 선연자 평고대와의 곡선에 따라 먹치는 법과 공법들을 납득이 가도록 말씀해주셨다. 지붕의 물매잡는 방법도 말씀하시면서 '특히 유의할 점은 고주나 오량 동자주를 만들 때 4파 반이상 5파 미만으로 만들어야 하지 5파 이상 넘어지면 연자가 숙어 보기가 안 좋다. 부연 위 평고대에서 상량 도리의 물매

가 6파 정도가 제일 적합하다. 방풍설치도 부연시공 시 측면도리 중심에
서 1자 정도 들어와서 설치하는 것이 적합하다' 말씀하셨다.

 나는 한 가지라도 더 배우고 더 알려고 선생님께 많은 유도 질문도 하
였으며 내가 어릴 때 배웠던 조만재 선생님으로부터 배워두었던 부재 이
름들, 그리고 기초적 실습들이 너무나도 큰 도움이 된 것이다.

 다포집도 보수과정에서 부재들을 순서별로 하나하나 도면으로 그려 두
었다. 한가할 때 모조 집을 만들려고 소로도 귀포에 들어가는 양턱이 몇
개, 외턱이 몇 개, 양 변이 몇 개, 양 택이 몇 개, 4갈 소로가 어디로 들어
가는지 도면으로 그려 자세히 표시하였다. 갈이라는 이름은 소로에 부재
가 안치할 수 있게 파낸 홈을 말함이요, 턱은 긴 나무를 소로로 만들기 위
해 톱으로 자른 쪽을 말함이요, 변이라는 말은 나무를 대패로 깎아낸 쪽
을 말함이요, 내갈소로는 소로를 십자로 파낸 것을 말한다. 이런 이름들은
현장에서 부르는 이름들이다. 일부에서는 갈이라는 이름을 주두에도 사용
하기도 한다.

 제공들의 당초문양도 다포집들을 살펴보고 어느 문양이 적합한지를 선
생님께 물어본다. 시대별 건축양식도 질문하고 목조건축의 집들의 시공방
법과 그 집들의 수많은 부재이름들을 선생님께 물어본다. 처음 듣는 부재
이름은 노트에 적어둔다. 도리집을 비롯하여 다포집에 이르기까지 집들의
명칭들을 명시해 두었다.

 추녀를 만들 때 처마서까래가 5자일 경우 각목으로 환산하면 7자 5푼
인데 부연을 시공하면 8자 2치 정도가 적합하고 부연을 시공 안 하면 8자
6치 정도가 알맞다. 그리고 사래도 부연이 1자 5치일 경우 사래길이를 부
연의 배를 더해서 3자로 하는 법이나 한, 두치 짧게 하는 것이 보기가 좋
다. 부연이 자반(1尺 半)이상 2자일 경우 목각으로 계산하면 2자 8치 3푼인
데 평부연의 배를 더하여 4자이나 3자 7치가 모양이 좋다.

 위에 설명한 평연자 처마길이가 5자로 설명이 되었으나 부연을 시공할

집으로는 좀 길다. 집 평수가 크고 기둥이 높으면 괜찮지만 집이 작고 기둥이 낮으면 흉하게 된다. 장여집이나 익공집은 기둥높이의 3분의 2가 처마가 되는 것이 적합하다. 그리고 중요한 것은 집터가 평지냐 언덕이냐에 따라 터에 알맞도록 기둥높이나 처마길이를 높이고, 낮추고, 내고, 들이고 할 줄 알아야 한다. 말하자면 그 지형에 알맞고 자연에 어울릴 수 있게 하는 것이 대목이 해야 할 일이다.

[그림 40] 스승과 제자는 건축공사 현장에서 공사 중인 영화사의 기술적 문제점에 대해 항상 의논을 하면서 문제를 해결하고 있다.

고 선생님이 말씀하시기를 "머리도 천재같이 좋고 하나도 소홀함이 없이 치목하는 걸 보면 너 같은 제자를 둔 내 가슴이 흐뭇하다. 너는 명장이 될 자격이 충분하다. 내 뒤를 이어갈 수제자가 되도록 가르쳐 줄 터니 그리 알아라. 대목은 욕심을 버리고 집을 지여야 그 집이 제대로 지여지지 욕심을 부리면 솜씨가 거칠어지고 혼이 담긴 집이 될 수가 없다." 그리 말씀하신 게 엊그제 같은데 이십년을 훨씬 넘어 갖고 선생님도 가셨고 내 나이도 칠십이 넘어 이젠 뒤로 물러앉을 때가 돌아 온 것 같다.

1985년에 대적광전이 불타 소실되었다. 1988년에 대적광전을 복원하는데 그 일을 내가 맡아 일을 하게 되었는데 금산사 절에 계시는 김종구형님의 공이 컸다. 그리고 주지스님이신 김도영 스님께서 나를 믿고 맡기신 것도 그 동안 욕심 안 부리고 소심껏 일을 해왔기에 나를 믿으시고 밀어주신 덕도 컸다. 나는 주지스님 김종구형님의 은공은 내가 대적광전을 성심성의껏 잘 지어드리는 것이 보답으로 생각하고 꼼꼼히 치목조립을 하여 원만히 일년에 걸쳐 끝냈다. 이어서 식당채, 설법전, 주지실, 명부전, 보궁, 금강문, 천왕문, 주지실 화장실, 조사전, 나한전, 종각, 보궁 전통차집, 만월당, 송대, 경비실, 대중방 12년에 걸쳐 24채를 신축하였다.

이 밖에도 내가 그동안 해 온 공사를 보면, 군산 은적사 대웅전, 여산 남원사 대웅전, 김제 망해사 대웅전, 옥구 성수 상주사 대웅전, 지장전, 요사채, 익산 함나 숭림사 대웅전, 요사채, 심곡사 대웅전, 요사채, 강경 덕화사 대웅전, 진안 천황사 대중방, 학선암 대웅전, 일출암 법당, 서울 영화사 대웅전, 설법전, 노인복지회관, 완주군 구이면 금수암 주지실, 김제 금산면 평산조씨 제실, 장수 남산에 십자정, 영동 용화면에 봉화사 대웅전, 서울 옥수동 금수암 대웅전, 서울 이문동 전씨사당 제실, 광명시 전주이씨 사당 제실, 관문, 심우남 법당, 안동 홍은사 대웅전, 설법전, 요사채, 조사전, 종각, 일주문, 대구 보림사 대웅전 요사채, 대구 보광사 대웅전, 지장전, 천황문, 마산 청평원사 대웅전, 대전현불사 대웅전, 이외에도 제실, 가정집이 수십 채이고 전주 경기전에 10채 총합하면 180채 이상이다. 위에 말한 집들은 규모가 20평 이상의 집들이고 전체가 신축이다. 보수한 집들은 기록하지 않았다.

이집들을 2~3년마다 찾아가서 하자가 생겼나 확인을 하고 있다. 지금까지는 하자가 생긴 집은 눈에 발견되지 않았다. 확인을 하고 다니는 이유는 어디서 하자가 생기는지 궁금하고, 왜 생기는지 발견하여 잘못 시공된 것을 시정하기 위해서다. 나는 지금까지 건축한 집들은 선생님의 기법을 배운 그대로 시공하기 때문에, 하자가 생길 수 있는 부분은 미리 알아 시공하였기 때문에, 당초에 시공한 그대로 보존되고 있는 것으로 생각한다.

나는 추녀의 통치수에 준하여 조로 밑 후리를 잡아 시공하기 때문에 지금까지 지여 놓은 모든 집들이 균형이 잘 잡혀 보기도 좋다고 생각한다. 또 훌륭한 선생님의 가르침에서 확고한 건축 시공 공법을 원칙에 의해 배웠고, 그래서 좋은 집들이 지어지는 줄로 안다.

한국 전 지역에 수많은 대목들이 많으나 추녀의 통을 기준으로 하여 추녀의 길이를 더해주고 좌우측 추녀 등에서 실을 쳐 다름(다림)을 보아 조로 높이가 몇 자 나오고 부연 등에서 수평으로 추녀에 다름(다림)실과 몇 자가 들어가는지 아는 사람 없는 것으로 안다. 무턱대고 눈짐작으로 만하는 것으로 안다. 목조건축의 제일 중요한 부분을 모르고 집들을 짓고 있다고 생각된다.

조로와 후리가 내려가고 들어간 치수를 재어본 목수는 없는 것으로 생각되고 설계를 하는 설계사들도 추녀 통 높이의 치수를 알아 추녀길이를 얼마를 더 보태주어야 하는지 모른다. 집의 평수에 비해 추녀 통을 몇 치를 정하고 추녀의 곡선에 조로가 생기는데 조로의 높이가 몇 치가 생기는지 모르고 자기 나름대로의 생각에 의해 제멋대로 그리는 줄로 안다.

추녀의 크기도 명시가 없고 지붕 차이가 평면도를 보면 목수들이 잡아 놓은 후리와 설계에 그려진 후리가 차이가 난다. 그래도 자기들이 잘 알지 목수들은 자기들만 못하다한다. 또한 전문위원이나 교수님들도 후리 조로의 시공 공법을 어떻게 해야 맞아 떨어지는지 아는 분은 별로 없는 것으로 알고 있다.

물론 지금까지 내가 말한 것은 그 누구도 논술한 바도 없고 풍문으로 떠도는 말도 없었다. 단지 나는 선생님들한테만 배웠다. 연자는 기둥의 45프로를 잡는데 기둥의 길이에 따라 달리 잡아야 한다. 그런데 지형을 고려하여 부연을 시공하느냐 시공 안하느냐에 따라 각각 다르지만, 예를 들어 9자 기둥을 표준으로 전면 9자 4간, 측면 퇴 5자 9자 5자, 전면 36자, 측면 19자, 평수 19평을 집을 지으려 하면 연목은 4자 5치 정도가 적합하다. 지금 말한 것은 부연을 시공 안하는 집의 설명이다. 될 수 있으면 지형을 고려하여 기둥 처마를 맞추어주는 일이 좋다.

부연을 시공하려면 기둥이 10자 정도는 해야 연자 4자 빼고 부연길이는 16치로 치목하고 추녀통은 1자 3치 이상 되여야 한다. 또 추녀뺄목도 5자 6치 6푼 인데 추녀의 통치수를 보태면 6자 8치 6푼을 만들어야 후리가 생긴다. 사래도 2자 2치 6푼에다 추녀 통수의 반, 8치를 보태면 3자 1치 6푼을 치목하여 연목평고대에서 생기는 조로는 1자 5치이고 후리도 1자 5치 정도가 생긴다. 사래에서 생기는 조로도 2자 6치이고 후리도 2자 6치 정도가 생기게 된다. 시공이 정확하면 조로 후리가 같이 떨어진다.

집이 크고 작고 관계없이 추녀의 통을 정확하게 재어 산출하여 시공하면 대개 맞아 떨어진다. 집이 작을수록 조로 후리가 잘 잡혀야 모양이 아름답다. 제일 어려운 게 팔각형에 평고대이다. 일부러 제재소에서 큰 나무로 조로 후리를 먹을 놓아 타야 하지 그렇지 않으면 그 집은 조로 후리가 재대로 걸릴 수가 없다. 한국 목조건축의 미는 조로 후리를 잘 설치하거나 잘못설치 하는 것에서 그 집의 모양이 보기 좋은 것과 보기 나쁜 집으로 나누어진다.

목수 일은 처음에 배울 때 훌륭한 선생의 가르침을 습득해야지, 선생을 잘못만나면 후에 경험 많고 훌륭한 선생한테 가서 일을 배워도 재 버릇개 못준다는 속담 식으로 쉽게 못 고친다. 사찰을 짓는 대목과 일반 제실이나 짓고 다니는 목수들을 견주어 볼 때 집짓는 공법이나 기술적인 면에서 많은 차이가 난다.

각 지방에 지어져 있는 제실 및 사당, 그리고 가옥을 누구든 보고 느낄수 있을 줄 안다. 나는 전주지방에 제실을 짓고 다니는 목수들을 몇 사람데려다 두 달 정도의 일을 해보았더니 과연 기능적 차이가 너무나 나서다 보내고 일을 줄여 공사를 한 적이 있다. 치목과 조립하는 공식은 우리와 비슷한데 추녀, 사래, 조로, 후리를 전혀 몰라 자세히 일러주어도 따라하지 못하는 것을 보면 한 번 몸에 배면 쉽게 고치지 못하는 것 같다. 그들의 자존심인지, 몰라서 못하는 건지 도저히 이해가 안 된다. 나는 틈만 나면 고찰을 찾아가 치목공법과 제공 밑 당초문의 초새김을 살펴보고 그 집의 장단점을 살펴보고 또 관찰하고 내가 얻을 것은 얻고 버릴 것은 버린다. 시간만 나면 고찰 답사를 많이 하는 편이다.

2.10. 한 번 가서 못 본 것이 두 번가서 발견하는 사례도 많다

한 번 가서 못 본 것이 두 번가서 발견하는 사례도 많다. 고찰을 살펴보면 앙서 양서가 3치 정도 밑이 처져 휘여 내린 곡이 많다. 그리고 끝이 잘룹다. 연화 초새김도 없다. 아주 단조로운 편이다. 경기도 일원에 다니며 각 사찰들

[그림 41] 전라북도 완주의 화암사. 화암사 대웅전은 공포가 하앙구조로 유명하다.

을 살펴보면 6 · 25때 불로 소실되어 서 그런지 오래된 건물은 보이지 않고 강원도 일대에도 찾들 못해 그러는지 오래된 건물은 보이지 않았다. 치악산에 월정사(?)가 이조시대의 축조한 건물이 4채 정도 눈에 보인다. 시간이 많으면 도청이나 시청에 가서 물어보면 알 수 있지만 그럴 시간이 없어 내멋대로 다니다보니 찾을 수 없었다. 나중에 생각하니 도청에나 시청에 전화로 물어보아도 알 수 있을 텐데 하는 생각이 든다.

(1) 내가 사는 전라북도에는 다른 도에서 찾아보기 어려운 오래된 문화재가 많다. 완주 경천면에 있는 화암사 대웅전은 전국에 단하나 뿐인 하앙집이 있다. 전면 주두에 연화꽃무늬를 초새김하여 시공하고 앙서 양서의 끝이 3치 정도 아래로 숙여 원형식으로 곡이 많다. 5포 첨차까지는 포집으로 치목하여 조립하고 그 위에 하앙을 설치하여 전면은 괴두처럼 맛

창나게 조각하여 양 측면은 고주 주두 밑에 안치하여 외목 납도리를 받히게 하고 연목을 걸고 내부에도 동자주 주두 밑에서 안치하여 밖에 납도리를 받혀 주게 설치하였다.

후면에는 위에서 아래쪽으로 빗쓸어 아래쪽이 뾰쪽하게 하여 전면보다는 후면의 하앙 끝이 더 길다. 보재루나 요사채도 대웅전과 같은 시기에 축조된 것으로 생각된다. (전면 3간 측면 3간 맞배지붕)

(2) 익산 함라면에 숭림사 보광전도 전면주두를 연화문이 조각을 새겨 안치하고 후면은 조각을 하지 않고 안치하고 첨차도 밑 부분을 물결무늬로 조각하여 축조하고 앙서양서는 직재로 조각하여 설치하고 쇠서가 아닌 운공식으로 조각하여 시공하고 굴도리를 없고 연자를 걸어 마무리를 하였다. 보재루나 요사채도 보광전과 같은 시기에 축조되어진 것으로 추정된다. (전면 3간 측면 3간 맞배지붕 외7포 내9포)

(3) 옥구 인피면에 상주사 백제 때 건립된 오래된 사찰이다. 전면 3간 측면 3간 팔작지붕으로 축조되어 있으며 기둥이 낮고 포부재가 날렵하고 소첨 대첨을 전면은 연봉을 조각하여 소로를 받히고 쇠서 자리에 용두를 조각하여 배치하여 양 측면과 후면은 일반 포집형식으로 축조 되어 있으나 조각솜씨가 훌륭하다. 집 전체를 소첨 대첨 재공을 새김하여 전면과 같이 축조하였으면 좋을 텐데 전면만 초새김 하여 축조한 것이 아쉬운 점이 남는다.

(4) 부안군 곰소면에 계암사 전면 3간 측면 3간 7포집 팔작집으로 축조하여 전면에 주두를 연화를 초새김하여 안치하고 재공에도 다른 건축물에 서는 보기 드문 아주 대목의 기능이 고슬히 담겨 있는 집이다. 소첨 대첨을 당초무늬와 연봉을 새김하고 소로도 전면은 연봉을 새겨 받혀주고 추녀 밑에 용두에 연화봉을 입에 물어 축조한 것이 뛰어난 기능이 감탄할 정도의 초새김하여 축조하였다. 이 건물 역시 전면만 하고 좌우측 후면은 주두나 첨차를 초새김하지 않고 축조하였다. 이 집 역시 사면을 다 전면

[그림 42]
정읍 내장면 내장사 대웅
전. 차천자 600간에서 사
용했던 석재 기둥을 이축
하여 지었다.

과 같이 축조하였으면 얼마나 좋을까 하며 깊은 생각에 잠긴다. 이 건물
역시 백제시대에 지여진 건물이라고 학계에서는 말하고 있다.

(5) 정읍 내장면에 내장사 전면 3간 측면 3간 7포에 팔작지붕으로 축조
되어있다. 기둥을 석재를 가공하여 전면은 통돌로 가공되었고 좌우측에는
두개로 이어 세웠고 후면에는 밑에는 석주로 위로는 나무로 세워 축조하
였는데 이 건물도 전면에만 주두를 연화를 초새김하였고 전면평방 이음
에 거북을 붙여 놓았다. 재공이나 첨차들은 이조 후기에 공법으로 날렵하
게 축조되어 있다. 일제시대 때 정읍 대양리 차천자 치성실을 뜯어다 보
관해 두었다가 6·25사변 후에 복원하였다.

(6) 백양사 일주문 기둥 상단에 용을 새겨 붙이고 창방평방을 축조하고
주두는 초새김은 하지 않고 축조하고 소첨 대첨을 연봉처럼 초를 새겨 소
로를 받혀주는 공법이 개암사의 첨차 초새김의 공법을 모방한 것으로 추
정되나 개암사의 초새김과는 다르다. 건물로 보아 2000년초에 축조한 것
으로 보이는데 근래 건축 중 목수의 기능을 발휘한 것으로 생각된다. 잘
축조된 건물로 평가하고 싶다. 연봉에 당초만 꺾였으면 더 돋보일 텐데
아쉬움이 든다.

요즈음에 와서 일주문에 보조기둥을 세워 시공하는 공법이 가는 곳마
다 눈에 띈다. 내가 알기로는 일주문은 좌우 단 두개만의 기둥으로 웃지

붕을 지탱하도록 지은 게 일주문의 공법으로 알고 있는데 여섯 개의 기둥을 세워 축조한 공법도 일주문의 시공하는 공식이 올바른지 의심이 생기어 여러 서적을 찾아보아도 근거를 찾아 볼 수 없었다. 하나의 기둥으로는 웃짐을 받고 있기에는 무리가 가긴하나 보안을 하여서 공드려 많은 생각 끝에 지은 것으로 평가 하고 싶다. 나는 생각하기를 백제시대에 김대성 선생이 백제에서 신라로 가서 불국사를 창건하였다는 전설에 불국사를 탐방하였으나 흔적을 찾아볼 수 없고 양산 통도사, 직지사, 범어사, 동화사 등 고찰을 다니며 발자취를 찾아보고자 각 도를 다니며 고사찰을 눈여겨보았으나 유일하게 전라북도 지방에 주두에 연꽃 또는 연잎을 초새겨 지은 집들이 분포되어 있고 그중 개암사 대웅보전에 주두의 초새김이 같은 모양이나 배열이 다르다. 개암사의 경우는 우주 위 주두는 초를 안 새기고 시공하고 전면 주심 밑 간포에 연화를 다 새겨 배열하고 좌, 우 양측 후면은 초를 새기지 않고 배열하였다.

소첨은 당초무늬에 연봉을 새겨 소로를 받히고 대첨도 초새김하여 장여를 맞이고(맞잇고) 외목도리를 맞이여주는 소로도 연봉형식의 초를 꺾어 장여를 받혀주는 뛰어난 공법과 추녀 밑에 운공자리에 괴두의 모양을 조각하여 치장하고 용두도 연봉을 입에 물어 치장한 공법과 전면중앙에 중포 위 좌, 우측에 사자상을 초꺾임하여 외목장여 밑에 매달아 시공한 공법은 고도로 발달한 요즈음에도 이러한 공법은 전국 어느 곳에서도 찾아 볼 수 없는 아주 특이한 공법이다.

이 건물을 좌우측 후면까지 전면과 같이 다 했더라면 좋았을텐데 하는 아쉬움이 남는다. 나는 생각하기를 다른 도에 가서 볼 수 없는 사찰의 집들이 우리 전라북도에만 경천에 화암사 대웅전에도 주두를 도르르 몰여 커오르는 연잎의 형을 초새김하여 전면에 배열하여 하앙을 전면에는 괴두를 초색임 하여 시공하고 후면은 위에서 아래로 뻿어 조립하여 맛배집을 건립한 집이 있고, 함라에 숙림사도 주두를 연봉을 조각하여 하나씩 끼워 전면은 배열하고, 내장사 대웅전은 원래는 엉읍 입암면 대양리에서 차경석선생의 치성실을 일제시대 때 옮겨온 집이라 고한다.

내장사 대웅전도 주두에 연화를 초꺾임하여 기둥중심에는 초를 안 꺾어 시공하고 간포 주두만 초를 새겨 시공하고 중심주두도 초를 안 새긴 주두를 배열하였다. 사이사이 끼워 시공하였다. 이 건물 역시 좌, 우 후면은 초를 안 새긴 주두를 배열하였다. 이 집은 다른 집과 달리 기둥을 전면은 통돌로 원형으로 가공하여 세우고 좌우측 간주와 배면 우주는 두개를 연결하여 세웠고 배면 기둥 두개는 아래는 석주이고 위에는 나무기둥을 세워 지은 게 특징이다. 주두를 초를 새겨 지은 집이 전라북도에서만 찾아 볼 수 있다. 혹시 일제시대 때 차경석선생의 설법실로 사용하던 집을 뜯어다 서울 조계사 대웅전을 지었기에 조계사 대웅전에서 숨은 비결을 찾을까하여 서울에 가 조계사 건물을 살펴보았으나 조산후기의 기법이기에 실망만하고 안에 오량기둥만 살펴보고 나왔다. 고주기둥과 대보에 얽힌 설의 내역은 조계사 설명 시에 하기로 하고 미룬다.

2.11. 지금도 선인 장인들의 뛰어난 기법에 놀라고 감탄한다

나는 지금도 선인 장인들의 뛰어난 기법에 놀라고 감탄한다. 삼국시대 또는 고려, 이씨조선에 이르기까지는 국교이기 때문에 공사비의 전액을 나라에서 부담하여 지었고 목수의 머릿속에서 만들어진 집들이지만 지금은 문화재 관리청에서 국고로 보수 및 신축을 한다 해도 현재 남아있는 건물을 준하여 설계하고 보수한다. 그 집의 그 기법을 그대로 보존하기 위해서 보수 하는 것이기에 그 집의 건축할 당시에는 서까래에 하연 상연이 도리중심 먹줄 바로 한 치 정도의 구멍을 뚫어 산지를 꽂아가며 연결하여 지은 집들이라 보편적 한 두 치는 처져있는 게 현실이다.

목수들의 마음은 서까래를 좀 올려서 평고대를 조로나 후리를 건축한 당시의 원래대로 하고 싶어 서까래를 올려 해 놓으면 감독관들은 뜯어서 다시 고치라 명령한다. 서까래에 당골매기한 흙바른 자리가 보이기 때문에 그걸 보고 지적을 한다. 설명을 해주어도 원래 그대로 하라는 것이다. 대목들은 답답하다. 원래는 우리가 하는 게 옳은데 세월이 흘러 처져있는 현실에 맞추라는 것은 이해가 안 된다. 대목들은 지고 감독관들이 이겨 처져 있는 그대로 보수하는 일이 많다. 이런 문제점들은 설계사나 관리처에서 미리 해결할 사항들이다.

또 하나는 김제시 금산면 청도리에 있는 귀신사 대웅전 보수관계이다. 금산사보다 이백년 앞서 지어진 사찰이라 한다. 원래는 7칸이었으나 양측에 한 칸씩은 없어지고 현재 주춧돌만 남아있다. 해방되든 이듬해 배면 중간 기둥이 꺾여서 청도리에 사시는 이정수 선생께서 쌀 삼십 짝을 받기로 하고 보수를 할 때 기둥은 현지에서 평나무를 배어 쓰고 제공은 금산사에 가서 익공집 뜯은 재공을 주어다 맞추어서 앙서 두개가 익공부재로 보수가 되어 있었다.

2004년부터 2006년까지 보수를 하는 도중 우연히 일하는 현장에 들르게 되어 본 결과 그 부재를 새 부재로 치목하여 갈아 끼우면서 포집에 익공집쇠서를 중간에 주어다 끼운 그대로 치목하여 보수가 되어 물어본 결과 전문위원들이 보수한 흔적을 남겨두기 위하여 그대로 했다는 말이다. 그런 것도 포집앙서에 익공집 쇠서를 차목하여 보수한 집도 우리나라에 귀신사 하나뿐으로 안다. 석공들은 아사달 아사녀를 다 알지만 대목들은 김대성을 아는 대목이 별로 없다. 석공이나 조각공들은 기능이 발전되어 가는 편이지만 대목들의 기능은 퇴진 되어가고 대목들의 기능을 발휘할 수 없는 실정에 이르렀다.

왜 이런 말을 하느야면 지금은 설계에 준하여 모든 목조건축을 짓기 때문에 작품들이 지어질 수 없는 실정이다. 그리고 목조 건축은 너무나 많은 예산이 들기에 더 어려운 실정이고 아쉬움만 남는다. 대목들의 하는 말이 자기평생에 자기가 자기 마음대로 짓고 싶은 집 한 채만 짓고 죽으면 한이 없겠다는 속담이 대목들의 진심이고 사실이 그렇다. 다시 말하자면 설계하는 설계회사도 모르는 점이 많다고 생각한다. 꼬집어 말하자면 추녀의 통과 추녀의 길이가 재 값의 길이에 얼마를 더해주어야 조로와 후리가 몇 자 몇 치가 생기는지 아는바 없는 것으로 안다.

목조건축의 미의 생명을 명시하지 못하고 대충 조로는 명시도 안 된 채 복면도의 후리를 자로 확인해 보면 실제 지어지는 집과는 차이가 많이 난다. 왜냐하면 조로와 후리가 추녀와의 환산하는 공법을 모르니까 그런 현상이 생기는데 설계하는 회사에서 현장에 와서도 도리 위에 앉혀 있는 추녀통이나 또는 추녀의 길이나 조로 후리를 자로 재어 확인해 보는 사람은 지금까지 보지 못하였다. 목수도 집을 지을 때마다 재어 보지 아니한 사람은 절대로 모른다. 이 중요한 것을 모르고 목수 일을 하는 것이 한스럽다. 지여놓은 집들을 보면 조로후리가 여러 가지다. 어느 정도 아는 솜씨 아주 모르는 솜씨로 구분 되여 진다.

아홉 살 때부터 대목 일에 우연히 관심이 있어 배우기 시작하여 칠십이 되도록 기능과 솜씨를 보고 관찰하고 배우고 또 배우고 잘못된 단점은 버리고 잘된 장점은 머릿속에 넣어두고 나무로 지은 집은 관찰하고 지여보고 수백 채를 지었것만 지으면 지을수록 파고들면 파고들수록 집을 지을 때마다 두려움이 앞서고 고민에 빠지게 되는 것은 나만이 그러는지 다른 대목도 그러는지 도무지 알 수가 없다.

대목들이 가고 있는 길은 방향은 같지만 따지고 보면 그 대목의 기능과 솜씨, 그리고 어떤 선생한테 어떻게 배우고 얼마나 노력하고 얼마나 생각했느냐에 따라 다른 대목들에 뒤지지 않고 한발 앞서 나아 갈 수 있게 되고 보기 좋은 집을 축조할 수 있는 기능이 생긴다. 예를 들어 장점을 말하자면 평연자가 정목 4자일 경우 추녀의 각목 4자 + 추녀 정착 1자 1치 =

추녀의 길이가 7자를 해야 연목과 추녀의 조로 후리가 알맞고 평부연이 17치일 경우 평부연의 사래를 배인 3자 4치를 하여야 부연평고대가 굽임 (굽힘, 구검) 살없이 선자 위 부연을 걸기가 수월하고 조로 후리가 적당하고 집의 모양도 보기에 좋다.

　주의할 점은 부연길이가 1자 7치 이하는 사래를 평부연의 배를 하는 것이 원칙이지만 만약 평부연이 1자 8치부터 2자일 경우 1자 7치 사래 길이에 각목 1치씩만 평부연치 수에 따라 보태주면 부연길이와 사래길이가 적합하다. (자 눈금에 대해서 이해가 안 될까봐 다시 말한다면 정척은 일반적으로 사용하는 치수이고 각 척은 귀척 45도자 눈금을 말한 것임을 명시함) 추녀도 통이라 하는 대는 왕치심 십자먹 중심에서 수직으로 추녀 코에서 오량도리 왕치 십자먹 중심에 먹을 친 대까지의 치수를 통이라 한다. 전통적인 토기와집의 추녀는 추녀의 통이 한자 이상이 되어야 조로의 곡이 생겨 집의 모양을 갖춘다.

　추녀의 통이 한자 미만일 경우에는 알추녀라고 도하고 덧추녀라고도 한다. 추녀의 통을 높이기 위하여 추녀의 등 위에 덧대는 방법이다. 집 관찰을 다니다보면 가끔 덧 추녀 집이 눈에 뜨인다. 그 집들의 년대는 이조 말엽에 지은 것들로 추정된다. 나의 입장도 공부하고 배우면서 다른 대목들의 지은 집들을 평가하고 저울질하고 다니는 것은 그 대목들의 잘못을 가리고 따지자는 것은 아니다. 내가 모르는 것을 하나라도 더 보고 배우자는 생각으로 고대건축과 현재 지은 목조건축이 다른 점은 무엇이며 부재들의 초꺾임들은 어떻게 변하는지 부재들의 크기도 견주어 보고 치목 조립 공법도 어떻게 변하는지 집짓는 현장에 들어가서 모르는 척하고 물어보고 관찰하고 하면 기능인 등록증을 취득한 대목들도 목조건축의 전통적인 원리를 모르는 게 태반이고 부재명칭도 모르는 기능인들도 많다고 한다. 요즈음 부재 치목하는 것을 보면 왕치고 주먹장이고 엔진톱으로 전부치목을 해버린다.

2.12. 옛날에 도끼 하나로 집을 지었다는 말을 들었다

조립하는 과정을 보면 너무나 거칠어 보는 내가 부끄러워 보지 않으려고 내려와 버렸다. 옛날에 도끼 하나로 집를 지었다는 말을 들었다. 지금에 와서는 엔진톱 하나로 집을 진다는 말이 나올 정도로 거짐 다 해버린다. 재래식으로는 대목들의 노임 타산이 맞지 않지만 그래도 지킬 것은 지켜야 할 책임감을 가져주었으면 하는 생각이다. 대목의 본능은 버려서는 안 된다는 생각이 든다. 회사에서 대목들에게 치목조립비의 하청도급을 너무나 적게 주기 때문에 그렇게 할 수밖에 별도리가 없지만 이런 모순점은 시정하는 것이 불가피 고쳐야 할 사항들이다.

그리고 신응수씨나 전흥수씨나 최기영씨나 무형문화재 74호라 하여 공사도 특혜를 주는 줄로 안다. 무명대목들도 그분들보다 더 훌륭한 대목들도 여러분이 있는 줄로 안다. 풍부한 기능이야 지니고 있지만 운이 없어서인지 관리청에 서 몰라서 그랬는지?

가져야 할 사람이 가지지 못하고 미달자는 자격을 주어 특혜를 주는 것도 관리청에서는 생각해 볼 필요가 있다고 생각된다. 왜 이런 말을 하느냐면 봉정사 극락전 보수공사에 고택영 선생의 등록증을 제출하였으나 나이가 많다하여 최기영을 관리청에서 선출하여 고택영 선생은 허수아비가 되었다. 그러나 고택영 선생의 제자들인 대구에 김창희, 구례에 김인선, 전주에 전명복, 이분들은 어디에 가도 쳐지지 않은 기능을 가지고 있는 훌륭한 분들이라 봉정사 극락전쯤은 거뜬히 해낼 능력을 가지고 있고 재능이 풍부한 장인이라 생각된다. 문화재 관리청에 가서 항의도 해 보았지만 힘이 없어 밀리고만 사실이 있다. 무형문화재 선정도 그렇다. 최기영하고 전흥수하고 이중구하고 셋을 놓고 저울질 할 적에 누가 잘하고 잘못하고를 떠나서 이중구도 내가 볼 적에는 많은 실력을 가진 대목이다. 무형문화재에 실격되었다는 말을 듣고 혈압으로 쓰러져 중풍으로 반신 불구가 되어 몇 개월 고생하다 사망을 했다. 그런 일만 없었으면 한참 일할 나이에 그 지경이 되어 세상을 등지고 먼저 세상으로 가지는 않았을 것이다. 각 대학 교수들로 문화재 (전문)위원들로 구성되어 그분들이 심사하고 선출하여 엄정한 서류심사와 면접 끝에 선출된다 하지만 의심나는 부분들이 많다 생각된다.

기능인들 시험문제도 말이 많다. 해년마다 시험 때면 참석을 한다. 다른 분들은 제자들을 대리고 와 시험을 치르게 하지만 나는 나 혼자 구경을 하러 가서 본다.

여러 사람이 우주왈하는 말이 시험관으로 참석한 자기 제자들을 합격을 많이 시킨다는 여론이 많다. 허나 팔은 들어 굽히지 내 굽히는 일은 없다는 속담이 있듯이 자기들 제자들을 합격시키는 것은 당연 하지만 내가 관망해 볼 적에는 기능이 충분한 데 시험에 떨어지는 기능인도 더러 있다 생각된다. 예를 들어 기능인 시험을 치러 갈 정도이면 왕치하나 못 만드는 사람은 한분도 없을 것으로 생각된다, 빨리 만들고 늦게 만들고를 떠나서 처음부터 다름(다림)을 보아 먹을 놓는 공법만보고 먹칼보고 자 사용법 먹 그리는 것만 보면 그 기능인의 기능을 알 수가 있다. 원칙적인 공법을 시행하면 원칙에 의해 배운 기능인이라 생각된다.

전라북도 대목장인 유형문화재 선출 문제만 해도 납득이 가지 않는 부분이 많다. 부안에 김영낙씨는 일반가옥과 제실정도의 집들을 지금까지 지은 집이 불과 30여 채 지었다 한다. 그리고 기능자 자격증도 소지 못한 제우 제실정도 짓고 다니는 목수에 지나지 않는다.

그럼에도 불구하고 전라북도 유형문화재로 지정하여 전라북도의 대목들의 얼굴을 먹칠하는 격이 되었다. 능력이 없는데 돈 써서 되었다고 김영낙씨 사는 옆 동네 사람들은 이구동성으로 말을 한다는 소문이 들린다. 김영낙씨가 지은 집을 보면 서툴고 부족한 점이 보인다. 실력이 있어야 명예도 빛이 나지 실력이 없이 명예를 가져본들 그 명예는 안 가진 것만 못하다. 쌍놈 족보가 양반되는 것과 다름없다. 주위에서 꼭두각시 만드는 것도 있어서는 안 될 일이지만 넘어가는 자도 어리석고 한심할 노릇이다.

선생이 제자를 가르쳐줄 능력을 지녀야지 그렇지 못하고 제자보다 실력이 부족하면 자신이 스스로 물러나게 되는 법이다. 속담에 알아야 면장을 하지 모르면 못한다는 속담이 있듯이 내가 하는 일에는 모르고는 할 수가 없다는 말이다.

나는 지금도 목조 건축의 부재용어와 시대별 건축양식의 구조와 나아가서는 여러 대목들의 솜씨를 눈여겨보고 장단점을 가리어 어떻게 하면 단점을 수정할 수 있을까 생각도 해보고 많은 집들의 여러 가지의 초새김에도 관심이 쏠려 파고들수록 흥미가 새롭고 더 궁금증이 생긴다. 그래서 남들이 지은 집을 살펴보고 관찰을 하게 된다. 이전에는 막걸이집부터 폿집에 이르기까지 자유자재로 지을 수 있기에 호원장담하고 나하나 뿐 인 줄 알았지만 지금에 와서는 두렵고 어렵다. 어디가 일이 있어도 한다는 확답을 못하고 미루어지고 해보아도 별 이득이 없기에 그러기도 하지만 특히 두려운 것은 공사비에 맞추어 하다보면 내가 보아도 잘못된 부분이 눈에 띈다. 다른 사람이 저 집을 누가 지었나 물어 보았을 때 문제이다.

내 예산에 맞지 않으면 안하는 게 상수이다 하고 포기하고 마는 게 후회 없는 일이기 때문이다. 그런 일이 발생하기에 내 예산에 안 맞으면 하지 않은 사실이다. 요즈음 집짓는 공사는 재래식으로 하면 공사비에 준해 맞추어 낼 수가 없고 기계 및 엔진톱으로 대충 해치워야지 그렇게 하지 않으면 회사 단가에 맞출 수가 없다. 일이 그 지경이기에 재대로 짜여지는 집들이 별로 없다. 그러나 장점도 있다. 원형톱을 잘 사용하면 정확하고 잘 맞는다. 탱자줄톱이나 손톱으로 절단하여 집을 지을 때는 5칸이면 2~3푼씩 늘었으나 원형 기계톱이 나온 후로는 늘지 않고 정확하다 생각한다.

기계도 사용만 잘 하면 이득이 많다. 모든 기계들을 잘만 사용하면 빠르고 정확성이 높다. 모든 것이 그렇듯이 배울 때 똑바로 배우면 기계로도 정확도가 더 높다. 나는 제자들을 가르칠 때 재목을 잘못하여 실수로 버리는 것은 못 본척하나 치목에 소홀하면 따끔하게 혼을 낸다. 배울 때는 한 개의 부재를 치목하더래도 원칙에 의해 배워야하기에 똑바로 할 때까지 많은 꾸지람을 주며 가르치는 게 나의 신념이다. 나를 떠나 다른 데에 가서 일을 하더래도 제대로 일을 배웠다는 말을 들어야 하기 때문이다. 늘 강조하기를 배울 때는 하루에 하나를 하더래도 똑바로 배우는 것을 원칙으로 하기에 늦게 하는 것은 나무래지 않는다. 잘못 치목한 것만은 용서가 없다. 나한테 배운 사람은 어디 가든지 대우를 받는다.

지금은 다른 데로 와 달라 초대하는 치목 잘 하는 이름 있는 몇 명의 제자들이 있다. 어디가든 대우를 받는 제자들이 자랑스럽고 흐뭇하다. 원래는 남원에 임종복씨가 가르쳤으나 나한테 와서 갈고닦아 일류의 대목이 되어 내 자식 큰 놈도 내 제자들한테 배웠어도 내 자식놈도 아직은 배우는 입장이지만 지 사업 하는 데는 지장 없을 정도의 실력을 가지고 일을 하고 있다. 내가 배운 서생님이 훌륭하신 평산조씨 만재선생님이신데 서울궁궐 일을 하시다 일제시대 때 군산으로 오셔서 계셨는데 연세가 많아 집에 계시다가 문중 제실을 짓기로 우리 동네에 오셔서 나하고 인연이 되어 우연한 기회에 내 나이 15~6세에 목수 일을 쉽게 배우게 되었다. 너무나 자세히 설명 해주시고 가르쳐주셔서 지금도 잊을 수 없다. 내 나이가 어려서 주소도 적어 두지 않고 가신 후 삼년쯤 되어 돌아 가셨다는 소식을 들었다. 나에게 모든 기능을 전수해 주시고 가신 것같다. 지금에 와 생각하면 내가 금산사 복원불사를 하기 위해서 부처님께서 나를 지정하여 가르치게 한 것으로 생각이 된다. 한 사찰에 20채가 넘는 사찰을 지었기에 그런 생각이 든다. 금산사 부처님께 마음속깊이 감사드립니다. 앞으로도 좀 더 지켜주시기 부처님께 축원합니다.

2.13. 익공집에 대해서 설명을 해 보기로 한다

익공집에 대해서 설명을 해 보기로 한다. 먼저 기둥에 대해서 알아보자. 기둥은 윗부분을 깎아내는 게 민흘림이라고 하고 윗부분과 아랫부분을 방망이처럼 깎아내는 게 배흘림이라고 부른다. 기둥의 크기에 따라 다르다. 예를 들면 기둥 크기가 한 자(1尺)[5]일 경우 위를 오푼(5分) 정도를 깎아내고 자 세치(1尺 3寸) 이상은 상(上)을 한 치(1寸) 정도 깎아주고, 배흘림 기둥일 경우 상(上)을 한 치를 돌려 깎아내면 하는 오푼(5分)을 돌려 깎아내어 배흘림기둥을 치목하

[그림 43] 강릉 객사문의 배흘림 기둥. 배흘림은 기둥을 배가 부르게 깎아낸 것이고 민흘림은 배가 부르지 않는 기둥 깎기를 말한다.

는 것이 예이다. 기둥이 한자 여덟 치(1尺 8寸) 이상 되면 상(上)은 두 치(2寸)를 돌려 깎고 하(下)는 한 치(1寸)를 깎아 치목하는 것이 예이다. 다니다 보면 위나 아래나 똑같이 치목하여 축조한 집이 이따금 눈에 뜨이는데 그런 공법은 잘못된 공법이다. 아름답게 한다고 했지만 아름답지 못하다.

익공집에는 기둥이 자 반(1尺 半) 이하이지 자 반 이상은 그리 흔하지는 않다. 자 반 이상은 폿집 기둥으로 사용하여도 손색이 없다. 창방은 볼보다 고(高)를 크게 쓰는 것이 예이다. 예를 들면 볼은 일곱 치면 고(高)는 한 자(1尺) 즉 삼분의 일이 좀 못 되게 산출하는 것이 힘을 더 쓴다. 열두 자

---

5) 1자[尺]는 1치[寸]의 10배이고, 1치는 푼[分]의 10배이다.

(12尺) 이상 칸이면 위에서 눌리는 중량에 눌려 휘어질 우려를 감안하여 그리한 것이지만 모를 몰아 놓으면 예쁘다. 제공(諸工)도 일익공집(一翼工家)도 앙서를 치목하여 시공한 집도 있고 쇠서를 치목하여 시공한 집도 있다. 주두는 두티(두께)는 다섯 치(5寸)가 보편적이고 너비는 기둥 치목한 상(上) 크기에 세 치(3寸)를 더해주는 게 예이다.

[그림 44] 강릉 객사문의 익공

제 주두는 두티 네 치(4寸)가 보편적이고 너비는 밑에 것보다 한 치 좁게 하는 게 예이다.

이익공집(二翼工家)에는 귀 한 대가 설치되어야 한다. 이익공 집에는 외목도리만 설치하면 삼포집도 만들 수 있는 게 이익공집이다. 굴도리도 칸이 좁으면 여덟 치나 아홉 치 써도 괜찮지만 칸이 열두 자이면 한 자는 해야 힘을 받는다. 선자를 치목하여 시공한 것을 보면 선자꼬리가 얇게 깎여 부친 것들이 대부분인데 선자꼬리가 서푼(3分)이나 너푼(4分) 정도는 살아 있어야 예쁘기도 하고 지붕 중량을 받힐 수 있다. 삼익공집(三翼工家)도 있는데 그리 흔치는 않다.

마곡사 명부전이 삼익공집이다. 여러 곳에 삼익공 형식으로 축조된 집들이 있으나 제대로 지여진 삼익공집이 아니다. 창방 꽂이 앙서나 쇠서가 없이 기둥 위에 주두를 얹고 장여 도리를 축조한 집이 초익공(初翼工) 또는 단익공(單翼工) 집이라 하는데 초익공집이 짜임새는 제일 야무지다. 장여(長舌)집은 사각 기둥에 사개를 파 기둥 사개에 장여를 앉히고 납도리 또는 환도리(굴도리)를 축조하는 게 장여집이다. 익공집에는 소로를 안치하여야 하지만 장여집에는 소로를 안치할 수 없다. 도리집이라 하기도 하고 막거리집이라 고도하는 집인데 기둥상단이 보나 퇴보에 꽂힐 상투가 붙어 있어 상투기둥이라고도 하는데 기둥이 가늘고 보도 가늘어서 민(民)들이 사는 집이다. 산에서 새를 배어다 지붕을 이고 볏짚으로도 이엉을 엮어 지붕을 이고 사는 집이다. 또는 너와로도 지붕을 덮고 서민이 사는 집이다.

한국 목조 건축에 대한 다포집에 대한 설명을 해보기로 한다. 삼국시대에 축조한 건물의 앙서나 양서 끝은 아래쪽으로 3치에서 2치 5푼 정도가 처지게 치목을 하고 단조롭고 잘룹다. 그리고 대부분 제공부제가 부재 두티가 너댓 치로 크게 치목이 되어 축조한 것이 특징이라 한다. 통일신라를 거쳐 고려시대를 거치면서 건축문화도 발달하기 시작하여 주심포에서 다포집으로 주두에 초를 새기고 주두받침도 시공되었으나 대목의 실수인지 일부러 바침을 했는지는 알 수 없다. 첨차에 연화를 초새김하고 오금 소로가 가공되어 시공되고 제공에 연화꽃을 초새김하여 축조하고 운공 또는 용두를 가공하여 추녀 밑에나 내부 측량 보 끝에 용을 조각하여 치장하는 등 대목들의 솜씨 기능을 발휘하여 화려한 집들을 축조하여 다른 대목들 보다 한발 앞서 나 가려고 많은 노력을 했을 것이다.

지금도 고찰을 다녀보면 앙서 양서가 서너 치 처지게 가공하여 축조한 집들이 가끔 눈에 띈다. 나는 어디를 가든지 먼저 그 집의 부재를 살펴본 후 추녀 사래와 조로 후리를 눈여겨보고 지붕 물매도 시야 측량도 해보고 물매를 몇 부(%)로 잡아야 집이 보기 좋고 아름다운 집이 될까 견주어 보는 게 나에 습관성이 되었다. 이조시대에 축조된 집 중에도 신라 또는 고려시대의 건축형식이 축조되었을 집이 어디인가 있나 하고 찾아보아도 앙서·양서가 단조롭고 짧고 민민하게 치목하여 축조한 것 외에는 짧은 능력이라서 시대별 구별을 못하는지 어렵고도 또 에렵다.

명색이 대목으로써 시대별 건축이 축조된 것을 구별 못하면 대목의 명칭이 부끄럽다. 그러나 목조 건물은 불에 약하고 나무라서 썩어 없어지는 게 예이다. 여러 차례의 난을 거치면서 부서지고 불태워 없어지고 해서 찾아 볼 수 없는 실정이 아쉽고 마음이 아프다. 그 반대로 석조물은 고려 신라 때 축조물이 여러 군데 있다한다. 이조중엽에 건물들은 많다. 그러나 부재가 얇아지고 제공들이 길게 하여 날씬하다. 포집의 경우도 앙서양서가 밑이 처지게 가공한 것이 별로 없다. 제공을 직선재로 가공한 것이 보통예가 된 것 같다. 어떤 집이든 그 집의 미는 추녀에서 생긴다. 추녀를 그 집의 크기에 따라 설계하여 만들어져야 한다. 예를 들면 경복궁 근정전 경회루 추녀곡의 통이 넉자가 넘을 거라고 선생님께서 말씀하셨다. 내가 일부러 선생님께 물어보았더니 그렇게 말씀하셨다. 재어 보지는 안 했어도 (않았어도) 잡고 섰더니 반(半) 질이 더 되었다하시면서 그리 말씀하셨다.

각처에 다니다보면 잘 지어진 집들도 많지만 잘못 지어진 집들도 너무나 많다. 목조건축의 생명은 조로와 후리다. 실력이 있는 제자들은 선생을 존중하게 하고 실력이 없는 제자들은 선생을 욕되게 하는 법이다. 배우려고 하는 제자에게는 더 가르쳐 주는 법이고 관심없는 제자에게는 선생도 관심 없이 대하고 일을 거칠게 배우면 꼼꼼히 하려해도 거칠고 꼼꼼히 배운 사람은 거칠게 하려해도 거칠게 안 되는 법이다.

다각집의 정처를 찾아보기로 한다. 창경궁 경내 연못가에 조그마하고 아담한 다각집이 있다. 연못 쪽은 십자정으로 되어있고 연못 담 밖 산 쪽으로는 다각집으로 되어있다. 십자안 모서리의 양 중앙에 기둥을 세워 장여 도리를 짜 추녀를 걸고 용마루를 설치한 집이다. 지붕이 우산형을 닮았다. 한 가운데에는 방이고 나머지는 마루로 되어있다. 즉 툇마루식으로 집을 돌아다닐 수 있도록 설치한 집이다. 아주 귀한 집이다. 왕이 산책을 하면서 이 집에 잠시 쉬면서 주변 환경을 바라보며 쉬었다. 가는 정으로 추정된다. 이런 다각집은 시공에 있어서 매우 복잡하고 아주 까다롭다. 수원성에 다각집은 성내 쪽으로는 다각집으로 되어있고 성 바깥쪽으로는 한쪽은 다각집, 한쪽은 칸이 길게 축조되어 있다. 성 내외를 바라볼 수 있는 누각으로 되어 있지만 기둥이 많고 귀가 많고 모서리가 많다. 지붕은 용마루 내림세가 많다. 이 다각집은 십자정에서 한걸음 더 나가 개발된 것으로 추정되나 이런 다각집들의 회첨추녀에서 평고대 설치방법이 아주 까다롭다. 조로와 후리를 조화시키기가 까다롭다. 익숙한 솜씨래야 집의 조화를 접목시킬 수 있다.

서툰 솜씨는 자칫 잘못하면 뺏쩡다리집이 되기 마련이다. 집이 크고 작고를 떠나서 그 집에 맞추어 조로와 후리, 그리고 지붕물매를 이르기까지 집에 알맞게 조화를 접목시킬 수 있게 하는 일은 공법을 모르면 힘들게 해놓아도 보기 좋은 집이 시공되기에는 어렵다. 부연들을 걸기 위하여 사래를 추녀위에 부쳐야 하는데 문제가 되는 것은 회첨사래의 평고대이다. 사각사래와 다각사래의 시공방법이 조화를 이룰 수 있도록 시공하기가 너무 까다롭다. 이런 집들의 평고대는 조로와 후리기 집에 맞게 만드는 것이 쉬운 방법이다. 십자정이 먼저인지 다각집이 먼저인지는 확실한 근거는 없다. 십자정은 전국에서 소양면의 송광사 종각은 지방유형 문화재이다. 송광사 종각은 오래된 건물이다. 좀 아쉬운 것은 난간에 화엽이 어색하다.

계자(난간) 역시 어색한 솜씨이다. 장수읍 남산에 십자정은 아래는 콘크리트로 하고 난간 역시 콘크리트로 하여 화엽도 없이 난간이 철제로 시공되어 있다. 그러나 나무로 시공된 위층 십자정은 조화를 접목하여 보기가 아름답다. 2002년에 신축한 것으로 추정된다. 마곡사 종각은 십자정치고는 규모가 크다. 사방 12자 정도로 축조된 것으로 보인다. 집에 비해서 어딘가 어색한 감이 든다. 아래는 석재로 기둥을 세우고 청방 모방은 목재로 축조하였으나 조로와 후리가 좀 약하다. 난간 계자 밑 하옆이 좀 어색하다. 이러한 모순들이 공사비에서 생기는 일 같다. 그러나 대목의 근원은 내 살전(?)이 들어가 더래도 대목의 기능을 버려서는 안 된다. 속담에 목수는 깎아 내버려서 못산다는 말이 있는데 깎는다는 말은 기능을 버릴 수 없어 배운 원칙대로 하니까 이익이 남길 수가 없는 게 사실이다.

마곡사 십자정 역시 2003~2004년에 신축한 것으로 보인다. 이런 작은 집들은 조로 후리를 잘 펴야 아름답다. 집이 작으면 작을수록 그 집에 비해서 곡이 많이 잡혀야 집 모양이 보기가 좋고 아름답다. 작은 집들의 평고대는 휘어진 나무로 곡을 많이 잡아 타야한다. 나무마딥이 없어야 좋다. 작은 집들의 평고대는 누르고 당기기가 까다롭다. 미리 그런 점을 감안하여 시공하는 것이 두 번 일을 하지 않는다. 그 집의 미모에 잘 맞게 조화로울 수 있게 짓는다는 게 쉬운 것 같으면서도 어려운 게 목조건축의 장점이면서 단점이다. 목조건축을 설계하고 또는 목조집을 짓는 대목들, 그리고 평론하는 전문위원들이나 일반인들까지 그 집을 보았을 때 그분들의 마음에 들게 축조한다는 것은 숙달된 장인, 그리고 기능인들도 어디인가는 흠이 있음을 발견하는 법이다.

예를 들어 갈고 닦은 옥에도 티가 있다는 속담이 있듯이 흠 없는 집은 백에 하나 있을 동 말 동 하다. 남의 눈에 썩 들게 짓는 게 쉬운 일은 아니다. 자기들이 잘한다고 장담할 수는 없다. 이 글을 쓰는 나도 나의 선생님들은 훌륭하신 분들이다. 조만재 선생님한테 들은 이야기지만 이조 말엽에 궁궐건축을 같이 일하셨다는 부안에 심사열(심사일)선생의 말씀도 들어 이름은 안다. 두 분이 각자 자기고향으로 돌아와 정읍 대양리 차천자 집도 같이 일을 하셨다는 말을 들었다(?). 너무나 어려서 선생님을 만났기 때문에 선생님의 말씀만 귀담아 들었을 뿐 별로 관심을 두지 않고 벌로 들었다. 지금에 와서 생각하면 많은 후회가 된다. 지금 같으면 더 자세히 물어 보고 좀 더 배웠으면 도움이 되었을 텐데 너는 내가 가르친 대로만 실행한다면 어디 가든 남한테 뒤지지는 않을 거라는 말을 듣고도 물어보지 못한 내가 내 발등을 찍고 싶은 생각이 든다. 선생님한테 목수일을 배울 당시 내 나이가 두세 살만 더 적었더라면 선생님을 따라다니며 더 자세히 배울 수도 있을 거고 부재의 명칭도 하나라도 더 배웠을 텐데 하는 아쉬움이 생각난다.

책자로 발간된 부재명칭이 이층 기둥까지는 이름이 있으나 그 위의 부재명칭은 여러 책자를 찾아보아도 찾을 도리가 없다. 내 생각은 이층 위 부재도 별도의 이름이 있을 것으로 생각하고 있다. 왜 그런 생각을 하느냐면 서울을 비롯하여 각처에 문들이 많다. 그런 문들을 지을 때 이층의 부재 이름이 없이 일층의 부재이름을 그대로 부르지는 않았을 것으로 추정하기 때문이다. 예를 들어 일층은 평주, 우주, 퇴보, 귀보, 초방, 병연주, 멍애, 창방, 누를창방, 공방 순으로 자기 이름을 가지고 있으나 그 위 부재 이름은 알 바 없다. 우리 문화재를 보존하기 위하여 1950년(1962년) 중반부터 관리국이 발족되고 전문위원들이 선임되고 꾸준히 보수하고 신축도 하면서 2000년대에 오도록 문화재를 연구하고 개발하여 오면서 아직까지 이층 목조 부재의 이름을 찾지도 못하고, 지어 부수지도 못하고 오늘에 이르렀다.

아직도 늦지는 않다. 문화재를 연구하고 관리하시는 전문위원님들께서는 부재 이름을 지여 명시해 주시면 일선에서 일하는 대목들도 큰 도움이 될 줄 안다. 현재 3층과 5층 목탑 부재 이름들이 궁금하다. 집이야 부재들의 이름이 없어도 누구나 지을 수는 있어도 예를 들어 이층보 삼층보 사층보 오층보 하는 것보다 이름을 써주는 것이 좋을 성싶다.

2.14. 추녀의 곡선을 살펴보기로 하자

추녀의 곡선을 살펴보기로 하자. 중국 추녀의 곡선은 너무나 뾰쪽하게 솟아오른 반면 일본 건축의 추녀는 곡이 없고 일자형으로, 즉 수평으로 서까래를 직선으로 시공하는 반면 한국의 건축은 중국과 일본의 중간인 자연의 흐름을 이용하여 중간부분은 수평형으로 기공하고 선자연부터서 자연스럽게 솟겨 오르는 형을 택하여 후리를 조화시켜 아름다운 모양으로 시공하기 위하여 많은 노력을 한 흔적이 보인다. 옛적에도 장인들의 뛰어난 솜씨가 얼마나 훌륭했나를 모든 문화가 발달한 지금까지도 흠잡을 수 없는 모든 집들이 건축되었다는데 놀라지 않을 수 없다.

  한국의 목조건축은 실물도 아름답지만 그림 또한 아름답다. 전해지는 속담에 의하면 시아버지께서 실수로 연목을 짧게 잘라 집에 와서 노심초사하며 식음을 전폐하고 누워 있으니까 며누리가 시아버님 밥상을 들고 와서 아버님 식사 좀 드세요 하여도 일어나지 않고 누워계시기에 아버님 왜 식사도 거르시고 누워만 계세요 몸이 불편하시면 약을 지여다 다려 드릴 테니 말씀을 하세요 며누리가 꼬치꼬치 물으니 시아버지가 일어나 하시는 말씀이 아가 다른 게 아니라 내가 실수로 서까래를 짧게 잘라 서까래를 버렸다. 아버님 그런 걱정 하지 마세요. 추녀도 나무를 깎아 추녀 위에 얹어 붙이고 서까래 위에다 각재로 이어내면 될 것 아닙니까. 아 그 생각을 왜 못했을까 하시며 일어나 식사를 하고 각재를 깎아 서까래 위에 붙인 것이 며누리가 생각해 냈다하여 며누리 부(婦)자 서까래 연(椽)자를 써 부연(婦椽)이라고 부른다는 속담이 있다. 부연의 속담을 말한 것은 평연자만 걸어 평고대를 붙여 마무리한 집보다 사래를 추녀 위에 시공하고 부연을 붙인 집이 더 보기가 아름답기에 부연에 얽힌 속담이야기를 한 것이다.

  사각 후림 기둥에 대해서 설명 해보기로 한다. 원목에 먹을 노아 사각기둥을 치목을 하다 보니 통나무가 기둥의 숫자대로 똑같을 수는 없다. 그리고 똑같이 곧을 수도 없다. 그래서 생각해 낸 것이 흐림(후림)을 주어 치목을 하면 사개통 자리가 피(皮)가 없이 만들 수 있다는 생각에서 사각기둥의 후림법이 생긴 것이다. 대게 사각기둥의 흐림은 하(下)는 일곱 치나 여덟 치로 하고 상(上)은 여섯 치나 일곱 치로 하여 대개 상(上)이 하(下)보다 한 치 정도 작게 하여 축조한 집이 더러 있다. 하(下)는 여섯 치, 상(上)은 다섯 치로 치목하여 작게 지은 집도 더러 있다. 사각기둥의 후림을 주어 지은 집들이 전라남북도 지방에서 자주 눈에 띈다. 다른 지방에서 사각기둥을 흐림을 주어 치목해 지은 집들이 간혹 눈에 보이나 하보다 상이 오 푼 작은 정도이다.

원주(圓柱)의 흐림(후림) 공법도 기둥의 상(上)이 피(皮)가 붙어 보기도 흉하고 기둥의 상을 약 한 치 정도의 흐림을 주어 죽은 쪽을 둥글게 치목한 것이 아닌가 생각된다. 기둥의 배흘림 역시 기둥 하(下)에 피가 붙어 기둥의 모양이 보기에 흉하니까 배흘림공법이 생겼는지도 모른다. 일부러 배흘림으로 치목했을 것으로는 생각되지 않는다. 피가 붙은 기둥을 보기 좋은 모양으로 만들다 보니 사각기둥의 민흘림이나 환주의 민흘림, 그리고 배흘림이 피붙은 단점을 보완하기 위하여 생긴 공법으로 본다. 이런 치목 공법은 대목들의 창조적인 공법으로 보기 좋은 집을 짓기 위한 노력과 다른 대목에 뒤지지 않으려는 노력에서 발휘한 것들로 생각된다.

지금에 와서는 사각기둥을 후림을 일부러 주는 일은 희박하다고 생각된다. 후림을 주어 지어진 고가(古家)의 보수 과정에서나 사각기둥에 그 집의 기둥 형에 따라 흐림을 주어 보수하는 것을 볼 수 있다. 사각기둥과 반대로 환주에서는 후림을 주어 치목하는 것이 보편화되어 있다.

이곳저곳을 다니다보면 집이 크고 작고를 떠나서 보기가 좋은 집, 보기 싫은 집, 어설픈 집, 그저 그런대로 지어진 집, 제각각, 제멋대로 여러 가지의 모양을 갖추고 있다. 사람도 같은 얼굴이 없듯이 목조 집들도 마찬가지다. 조각공이 부처를 조성해도 조각공을 닮는다는 말이 있듯이 집도 배울 때 잘못 배우면 그런 현상이 생기기 마련이다. 원칙에 입각해 배운 선생의 솜씨를 따르는 것인지 꼬집어 지적해 주어도 쉽게 따라 하지 못하는가하면 옆에서 듣고 그대로 따라하는 사람도 있다. 대목 일을 배우는 데에도 어렵다면 어렵고 쉽다면 쉽다. 많은 노력이 필요하다. 쉽게 하는 사람 쇠코에 정(경) 읽기로 가르쳐 주려고 애를 써도 못 배우는 사람도 있다.

각 지방에 주로 제실이나 한옥을 짓고 다니는 대목들의 집을 보면 대개가 서까래가 짧다. 보통 초익공집으로 축조되었으나 자연미가 없고 꼬리 없는 개처럼 모양이 볼품이 없다. 내가 사는 전주만 해도 그렇다. 한옥마을이라고 목조집을 요지음에도 많이 짓는데 도시라서 한자라도 더 방을 만들려고 그러는지는 모르지만 대개가 처마가 짧다.

전주시의 발주로 목조로 신축을 하는 데에도 처마가 짧기로 시청 감독관과 싸우다시피 우겨서 처마들을 세 치정도 길게 하여 시공하기로 결정하고 다섯 치를 내어 서까래를 걸었다. 나의 예산에는 서까래를 밖으로 한 자는 더 내걸어야 집에 비해서 기둥과의 균형이 맞은데 무엇 때문에 설계를 서까래를 짧게 하는 이유를 모르겠다. 설계사의 실수인지 서까래를 짧게 하라는 시청의 지시인지는 알 수 없지만 도면을 그리는 설계사 역시 목조건축의 근원을 아는지 모르는지 돌부처에 패랭이 씌운 것처럼 지어지는 게 일쑤이다. 치마곡선도 그렇다. 한국식인지 일본식인지 식별이 어렵다. 그러나 한국인이 지었고 한국 땅에 서 있으니 한국목조 집은 분명하나 나의 욕심인지는 모르지만 확실한 한국건축 양식을 들어냈으면 좋을 텐데 하는 욕심이 들기 때문이다. 또한 가는 곳마다 콘크리트로 목조건축처럼 진 곳이 많다. 그러나 먼 곳에서 보면 잘 모르나 옆에서 보면 너무 잘못된 점이 많다. 콘크리트로도 얼마든지 나무로 진 것처럼 깨끗이 할 수 있으련만 전문적인 기능이 없는 일반 목수들이 지었기 때문으로 보인다. 안목에서 보는 우리들은 그런 집들은 그 지방의 추물로 보인다. 전주에 관문인 고속도로 매표소도 추물 중에 하나이다. 이런 집들은 차라리 짓지 말았으면 하는 생각도 든다.

그런 집을 보면 돈 갖다 미친 짓했다고 욕하는 분들을 보았기로 그렇다. 나 역시도 욕할 수밖에 없다. 너무나 짜임새 없는 관문이다. 그런 건물들이 전국적으로 많다. 토기와는 목조건축에 알맞도록 제작된 기와이다. 조로와 후리에 잘 맞도록 자유자재로 지붕을 이을 수 있도록 제작된 토기와이다. 검은 기와에 그 위에 또다시 먹칠은 하지 않았으면 하는 생각일 뿐이다. 토기와를 쓰려면 토기와에 알맞도록 집을 지어 사용하자는 말이다.

2.15. 대목들도 선생의 가르침에 따라 일하는 것이 다르다

집을 짓는 대목들도 선생의 가르침에 따라 일하는 것이 다르다. 요지음 치목하는 것들을 보면 쉽게 하려고 엔진톱으로 거짐 하다시피 한다. 너무나 건축부재들을 함부로 다룬다. 대목의 혼을 담아 짓는 집은 볼 수가 없게 되었다. 요지음 대목들의 연장을 보면 전에 우리들이 쓰든 대자귀를 가지고 다니는 대목들은 전혀 없다. 또 있다한들 대자귀를 쓸 줄도 모른다. 도끼 역시 마찬가지로 가지고 다니는 목수들을 찾아보기가 어렵다. 완전히 대목들은 신 기계사용 시대로 변해버렸다. 손대패, 손자귀, 끌, 망치들은 외국산으로 바뀌었고 홈끌들은 많이 대장간에서 만들어 쓰는 것이 보일뿐이다. 손톱 역시 양날톱은 없고 팔리지 않으니까 생산을 아주 안한다고 한다. 일본에서 일회용 톱날이 들어와 다른 톱들을 물리치고 자리를 잡은 지 오래다. 사용해보면 잘 들어 양날톱이 없어질 수밖에 없다. 내리가리톱은 싫어(실어, 시러) 쓸 줄도 모르고 현대식 원형톱에 밀려 없어진 지가 오래 된다. 이러한 추세로 나간다면 한국의 전통적인 끌, 망치, 톱들은 사라져 없어 질 수밖에 없다.

기역자('ㄱ'자 모양의 자) 역시 사용방법을 아는 목수가 그리 흔치않다. 한 면에는 주로 쓰는 일반치수가 고정 되어 있고 자를 뒤집으면 각목이라고 쓰인 쪽은 귀쪽을 재는 즉 45도를 치수를 환산하는 눈금이 있고 12치를 기준으로 하여 한치는 [재(財)], 두치 세치는 [병(病)], 네치는 [난(難)], 다섯치 여섯치는 [의(義)], 일곱치는 [관(官)], 여덟치 아홉치는 [겁(劫)], 열치는 [해(害)], 열한치 열두치는 [길(吉)]. 이 글귀들은 문틀을 설치할 때 쓰는 용어다.

문틀의 한가운데인 중앙치수가 재(財)자에 속하는 눈금이면 재물이 생긴다는 뜻이 담겨있고 해(害)자가 중앙기점에 들면 해가 든다는 뜻이 담겨져 있다는 전통적인 글자들이다. 病, 難, 義, 官, 劫, 吉. 이 글자들도 한자에 뜻에 따라 좋고 나쁘고 덕이 온다는 글자들의 설이 들어있다.

[측정목감]이라고 쓰인 눈금은 끝에서부터 세치의 눈금은 끌구멍의 깊이를 재어 보는 자 눈금 순서로 자 사용법이 새겨져 있다. 지금은 도면에 문 너비 높이가 명시되어 있는데 기역자의 설은 들어있는 것 같지는 않다. 전통양식은 일부 몇 분들의 편수들만이 쓰고 있다. 기역자의 설도 사라질 수밖에 없고, 대목들의 옛 치목법도 사라져 갈 수밖에 없다. 근대에 와서 세계 공통으로 사용하자는 센치 사용법으로 바뀌고 모든 설계가 미터법으로 바뀌며 모든 도면이 미리미터로 제작되기 때문에 일부 곡자가 미리, 센치로 제작되어 나오고 있다. 도편수들의 연장 역시 신 기계식으로 바뀌어 제자들에게 전통양식을 가르칠 수 없다. 대목장인 무형문화재들의 연장이나 재래식 연장 도구를 갖추고 있어야 하는데 무형 문화재들 역시 마찬가지다. 전부가 다 신기계식으로 변동되어 있다. 내 자신부터 신시대의 추세에 밀려 하나하나 신 연장으로 바뀌는 현실이다. 전통적인 재래식, 그리고 고전건축 양식으로는 발디딜 자리가 없다. 대학교수들의 논문은 원형을 찾아 원형을 살리자는 언성은 높다. 이번 학술대회에서도 무형문화재의 원형이 없다/있다로 주제 발표가 있었다. 다른 무형 문화재 분야의 원형을 찾을 수도 있지만 내가 하는 대목들의 원형은 뿌리야 있지만 이미 전통형식이 사라져 버린 지 오래된다.

그러나 우리 대목들의 원형은 찾아 보았자 원형의 형식대로 치목하여 전통적인 양식으로 시공을 한다면 돈 많은 갑부라도 얼마 안 가 망할 수밖에 없다. 이런 점은 문화재를 연구하고 원형을 찾는 전문위원들께서는 대목들의 뿌리 보존을 위하여 깊이 생각해 볼 필요가 있다고 생각된다. 문화재청 역시 대목들의 전통을 보존하기 위해서는 고전건축 양식인 재래식 공법을 보존할 수 있도록 많은 관심을 가져야 하고 대목들의 전통 공법을 단 몇 사람이라도 보존할 수 있도록 관심을 가지고 배려해주었으면 하고 옛 장인들로부터 전해져 내려오는 공법들이 보존될 수 있도록 관심과 재정적 지원을 배려해 주웠으면 하는 아쉬움이 든다.

다시 말하자면 통나무에 먹을 놓아 탱자톱으로 나무를 두 사람이 밀고 당기며 부재를 만드는 공법과 작은 탱자톱으로 두 사람이 밀고당기여 부재를 먹을 놓아 자르는 법, 기둥사개 등 덤벙주추(덤벙주초)를 놓고 기둥을 세워가며 수평을 잡는 공법, 주추(주초)를 놓기 전에 수평잡는 공법 등, 이런 공법들이 얼마나 훌륭했는지를 보존하고 싶고 알리고 싶다. 요지음 도편수라 하여 제 기능을 자랑하고 자기들만이 잘한다고 하지만은 선대의 장인 머리에서 나온 공법들이 다 지금에 와서는 원시적이지만 그래도 묻혀 버리게 할 수는 없다.

또 문틀의 정사각이 맞나 확인하는 공법이 있다. 이 공법은 일반 양옥 목수들이 많이 쓰고 있는 공법이다. 이 공법도 한옥 계열에서는 사라져 가고 있다. 문명이 고도로 발전한 오늘날 원시적이지만 기초가 중요하다.

주추를 놓기 위한 정사각형이 90도 각에서 사각이 나오는데 이 각 역시 3-4-5척에서 나온다. 더 정확히 하려고 6-8-10척으로 하는 것이 더 정확하다. 요지음은 측량기계들이 개발되어 쉽고 빠르게 하지만 이 공법을 아는 일부 한옥 목수들이 쓰고 있다.

또 무거운 재목들을 들어올리기 위하여 아주 원시적이지만 큰 보 중심 부분에 한쪽 한쪽 눌러 고여 가며 기둥 위로 올리는 공식과 삼으로 새끼를 길게 꼬와 다시 몇 가닥을 겹쳐 꼬와 기중기를 삼 나는(?) 자세처럼 큰 나무로 십자형으로 구멍을 크게 뚫어 3~4치 서까래를 길게 찔러 돌려도 부러지지 않도록 단단한 나무로 하고, 몸통도 장고통처럼 깎아낸 다음, 아래위를 돌려도 이탈 못하게 제작하여, 보수대를 세워 위아래에 도로래(도루래)를 매달고 새끼를 도로래에 걸어 기중기에 연결하여 그 몸통에 몇 바퀴 돌려 감고, 보를 달아매어 새끼를 잡아당겨 기중기를 돌려 큰 보를 올리는 공법도 묻혀 버리기에는 너무 아까운 공법들이다.

석탑도 세울 때 처음에는 흙을 져다가 탑 주위를 묻어가며 축조하다가 나중에는 기중기를 제작하여 세웠다는 설을 들었다. 나 역시 금산사 대적광전을 신축할 때 기중기를 크게 제작하여 대적광전을 진(지은) 경험이 있다. 그 무렵에는 와야줄(와이어)이 있어 옛날보다야 쉽게 해냈다. 지금 생각하면 잘 보관해 둘 것인데 썩퀴(썩혀) 내버린 것이 너무도 후회가 된다.

기중기를 제작하는 방법도 어릴 때 말로써 선생님한테 듣고 제작한 것이다. 지금에 와서도 선생님의 가르침이 하나하나 생각나 이런 글을 쓰게 되었을지도 모른다. 무엇이든 알아두면 언젠가는 필요하게 써먹을 수 있다 하시며 부재 이름을 적어주시고 말씀으로 일러주시던 선생님의 말씀이 반세기가 넘어간 지금도 귀에 생생하다. 그러나 어대(디)를 가던 아는 척, 잘 하는 척은 하지는 않는다.

그러나 다른 대목들이 하는 것을 보면 그 사람의 기능이 어느 정도인지는 짐작한다. 다른 대목들이 실수로 잘못 지은 집들이 보여도 잘못 지어졌다고 말해서도 안 되고 나쁘게 평해서도 안 되는 법이다. 그 대목은 그 대목의 나름대로 짓는 거고 나는 나대로 선생한테 배운 데로 하는 게 목수들의 본능이다. 잘하고 못하고는 보는 사람들의 평론에서 가려진다. 대목들도 항상 배우면서 일하고 일하면서 배운다.

2.16. 원본(원형)을 찾아서

학계에서는 원본(원형)을 찾아서라는 주재로 학술세미나를 여는데 두세 번 참석한 바 있다. 다른 분야에서는 원본이 있다는 주제로 학술발표를 하는데 내가 하는 목조건축분야 만이 원본을 찾아서라는 주제로 학술발

표를 하는 걸 보지도 못하고 듣지도 못했다. 그러나 목조건축에도 원본이 있다고 생각한다. 확실한 것은 모르지만 나의 생각이지만 맨 처음에 짓는 집이 원본이라 생각한다.

왜 이런 말을 하느냐면 주요 문화재보수 및 복원공사에 깊이 있게 파고들어 힘(흠)없는 수리 및 복원을 해야 할 임무이자 책임이 있는 것이다. 첫째는 설계부터 잘못되는 게 사실이다. 그 집의 원본을 진단하여 원본과 지금의 현실과 비교하여 관찰하고 진단하여 설계를 해야 하는데 그렇지 못하는 게 사실이다. 꼬집어 말하자면 고대건축의 단점은 지붕에 너무나 많은 중량의 보토와 기와의 무게에 눌리어 가라앉았다. 서까래도 오량도리에 얹히는 부분에 구멍을 뚫어 상·하연에 산적을 꽂아가며 시공한 집들이라 오랜 세월이 흐름에 따라 두, 세치 쳐지는 건 일방적인 현실인데, 쳐진 그대로 실측하여 설계하는 자체도 문제일뿐더러 전문위원들께서도 그 집의 원본을 모르고 서까래가 내려처져 있는 그대로 하라는 권력도 잘못이라 생각된다. 내가 보수를 하는 과정에서 기회가 있어 감독관과 전문위원님께 질문도 해보고 논의도 해보았지만 설계대로 하라는 답변이었다.

나는 배우기를 너무나 어려서 우연히 조만재 선생님한테 원리 원칙에 의해 하나에서 열까지 약 일년 동안에 걸쳐 붕어톱 실는(싣는?) 방법과 탱자톱 실는 방법, 부재명칭도 빠짐없이 적어주시며 너 하는 걸 보면 대목이 될 것 같으니 외어두면 필요할 것이니 외워 두워라 하시며, 치목하는 법, 추녀 거는 법과 추녀통 잡는 법, 사래 만드는 법, 사래, 부연 거는 방법, 조로와 후리 잡는 법, 선자연 뜨는 방법과 거는 방법, 지붕물매 잡는 방법을 꼼꼼히 적어주시며 집에 두었다가 한가하면 읽어 보아라 하신 게 나를 어째서 세밀하게 적어주시는지 어린 나는 알 수가 없었다. 아니 내가 너무 어려서 선생님의 깊은 마음을 몰랐을지도 몰랐을 것이다. 세필로 적어주신 것이 노트 한권 쯤 되는 부피였다. 그런 중요한 책을 함부로 두었다가 손실되어 버렸다. 그래서 선생님의 교훈으로 목조건축의 깊이를 알려고 파고드는지도 모른다.

 2003년부터 2005년 6월까지 전국을 다니며 자료 수집한 카메라, 비디오, 테이프, 기타 물품들을 차에 싣고 다니다가 한순간의 홍수로 차조차 흙탕물 속에 묻혀 그 동안에 수집한 자료들을 완전히 못 쓰게 되어버렸다. 책을 한권 만들어 보려고 마음먹고 시작을 했었으나 꿈은 사라져버렸다. 포기하고 있다가 다시 시작하여 줄거리만 만들어 쪽 번호를 붙이어 손질한 책을 만들 때 하려고 짬이 있으면 적고 있다. 그 동안에 전국을 다니며 시야로 관찰하여 잘된 부분 또 잘못된 부분들을 진단하고 관찰하다 보니 배운 것도 많다. 우리나라에 각처에 주요 문화재들을 보면 더러는 원형에 가깝게 수리된 집들도 많지만 본래 지어진 원형을 찾아 보수되지 못하고 제멋대로 수리된 집들이 너무나 많다.

 꼬집어 말하자면 국보1호인 남대문인 숭례문과 보물1호인 동대문인 홍인지문이 본래 지은 원형을 찾아 수리되지 못하고 변질된 채 보수되어 있다고 본다. 하층의 조로와 후리, 상층의 조로와 후리가 맞지 않는다. 원본은 상하층의 조로와 후리를 맞추어 지여진 것으로 생각된다. 오랜 세월에 무거운 중량에 눌리어 추녀부분은 처지고 중간은 변질되어 제 모습을 잃은 그대로 수리가 되었기에 원형의 제 모습을 찾아주지 못했다고 생각된다. 목조집의 핵심은 조로와 후리에 있다. 내가 처음에 선생님한테 그리 배웠다. 또 사람이 기거하는 집은 조로와 후리를 윤각만 뚜렷이 잡아주고 사찰, 루, 정자는 학의 날개처럼 잘 잡아주어야 한다 하셨다. 집이 크고 적고(작고)를 막론하고 평고대의 중앙에는 시야로 볼 적에 평행선이 있게 해 주어야 집의 모양이 돋보이고 아름답다. 선생님의 말씀이었기에 궁궐건축도 원본은 조로, 후리가 뚜렷했을 것으로 생각된다.

2.17. 청풍명월 금산사

나는 항상 마음속 깊이 고맙고 감사드려야 할 금산사 주지스님으로 계시던 큰스님이신 도영스님께(서) 배려해주신 (것을) 고맙다고 말(씀)을 드리지 못한 채 어영부영하다가 10년이라는 세월을 넘겼다. 인사드릴 기회는 많았으나 감사하고 어렵고 고맙고 한편 쑥스러워 차일피일하다가 10년이라는 긴 세월을 훌쩍 넘겨버렸다. 내 마음 속으로는 보답하기 위해서는 최대한 공사비를 절약하고 험집(흠집)없이 열심이 해드리는 것이 옳은 일 이라 생각하고 이십오륙 채를 지였으나 정성드려 지은 결과인지 지금까지 하자는 생기지 않고 당시 그대로 보존되고 있다.

내가 대목일을 시작한 처음부터 지금에 이르기까지 발자취를 남기기 위해 책을 엮어 보랴하니 큰스님이신 도영스님께서 저에게 배려해주신 고마움이 항상 머릿속깊이 박혀 그 당시에 못 드린 인사를 이 책에서 인사를 드립니다. 큰스님 슬하에서 큰 대목장이 되게 배려해주신 데 대해서 머리 숙여 진심으로 감사드립니다. 앞으로도 큰스님이신 도영스님의 은총에 힘을 얻어 불교문화 불사에 소홀히 하지 않고 큰스님 기대에 어긋나지 않도록 불사에 참여할 것을 약속드리며 다짐합니다. 성불하세요. 감사합니다.

당시 금산사에 계장으로 계시던 김종구 선생님께 이 책을 빌려 감사드립니다. 금산사에 첫발을 드려 놓게 하신분이 시매(치매)도 불구하고 따뜻한 인사 한마디 못한 채 삼십년이 지나갑니다. 저를 믿으시고 배려해주셔서 오늘에 큰 대목장이 되도록 옆에서 감싸주시고 지켜주셔서 성장한 데 대해서 진심으로 감사드립니다.

그리고 당시 금산사 사무과장으로 계셨던 이승민 선생님께서도 제 옆에서 지켜주시고 배려해주셔서 진심으로 감사합니다. 지금에도 선생님께서 나를 보시면 저놈 배웠으면 금산사를 팔어먹을 놈이라 놀리시던 말씀이 생각납니다. 저를 아껴주시고 너무 사랑해주신 선생님께 감사드립니다.

대목일을 배울 때 당시 열다섯 살, 나 사는 동네에 평산조씨 선산에 제실을 옮기는 과정에서 우연히 동네 손위형님이라고 부르던 분이 찾아와 대목이 뒷손을 보아줄 수 있는 사람을 구해 달라 하여 왔다면서, 가서 배우기도 겸할 수 있느냐, 배울 의향이 있으면 같이 가보자하여 따라갔다. 대목님한테 가서 이 사람이 열 살 때 쑤수대(수숫대)로 학교를 지은 사람이라 하시며 재주가 아주 뛰어나다고 말씀드리더니 선생님이 하시는 말씀이 나랑 같이 해 볼래 하셨다. 하겠다고 대답을 했다. 약 일년 동안 낮에는 실습하고 밤에는 용어를 배우고 하다 보니 어느 정도 기술을 습득했으나 나이가 어려 시기상조였다. 그러나 선생님께서 하시는 말씀이 내가 조금만 젊었으면 가르칠만한 놈이라 하시는 걸 얼풋(얼핏) 들었다. 내가 생각해 보아도 그런 말씀들을 만한 아주 지능이 뛰어나다 생각되었다. 지금에 와 생각하면 부처님께서 나에게 대목의 지능을 점지해 준 것도 같다. 왜 그런 말을 하느냐면 금산사만 해도 26채 안동 홍은사 8채 전국 각처에 주로 대웅전만 지었기에 그런 생각도 든다.

그리고 더욱 신기한 것은 장거리를 다니다보니 교통사고도 큰 사고가 3차례나 있었다. 한 번은 호남고속도로 여산휴게소 옆에서 고칠 수 없게 부서져 폐차하기도 하고 경부고속도로 신탄진 한국타이어 공장 앞에서 졸다가 낭떠러지로 떨어져 차 고치는데 차값 반이 들어갔었고, 전주 금산사 간 청도리 고갯길에서 5미터 낭떠러지로 10미터 날라 비행기 탄 일도 있었지만 손가락하나 다친 일이 없는 걸 보면 우리 선영(先塋)이든 부처님이든 나를 보호해 주시는 일 사실이다

더욱 신기한 일은 내가 사는 동네 입구에서 눈이 많이 와 빙판길이었는데 구부러진 된 오르막길인데 거짐(거의) 다 올라가다 뒤로 미끄러져 뒤로 탄력을 받아 10미터 쯤 뒤로 밀리다가 낭떠러지 1미터 남겨놓고 지형으로 보아 개울로 둥굴어야(딩굴어야) 할 경사인데 1미터 남겨놓고 서는 것을 생

각하면 내가 생각해보면 생각할수록 신기한 일이고 돌아가신 부모님이 돕든가 부처님께서 돕는 건지 나를 보호해주는 건 사실이다.

생존해 계실 때 아버님께서 저희들한테 하시던 말씀이 몸에 사무친다. 사람이 살다보면 좋은 일 나쁜 일이 많다. 사람은 사람이기 때문에 사람을 믿어야하고 서로가 서로를 의지하고 서로가 서로를 존중하고 내가 저지른 일은 내가 책임을 지고 서로가 서로를 돕고 살아야할 의무이자 지켜야 할 도리이고 큰 감은 따 남을 주고 작은 감은 너 먹어라 하신 말씀이 생각난다. 이 말씀은 욕심을 버리고 재물을 탐내지 말고 소신껏 살아라라는 말씀이었다.

그동안 수많은 집들을 지었어도 돈을 벌어야겠다는 욕심은 부린 적이 없다. 그러다보면 남는 건 없었다. 제우(겨우) 일당도 못 될 정도 되거나 일당도 없을 경우도 가끔은 있다. 그러나 돈을 더 달라고 한 적은 없다. 한 번 구두로 약속하면 그대로 마무리하는 게 나의 신념이다. 그래서 대목일을 해온지 55년이 지나도록 모아놓은 재산은 한 푼도 없다. 재산이 한 푼도 없다보니 왜 그렇게 살았는지 후회도 되지만 단(다만) 식구들한테 미안할 뿐이지 후회는 안 된다.

이구동성으로 나를 좀 모지(모자)라는 사람으로 보는 사람도 있고 좋은 사람이라고도 하는 분들이 좀 많다. 내 생전 나 먹고 살면 돼지 재산을 모아 죽을 때 가지고 가는 것도 아니고 자식들도 부모재산이 많으면 살기가 부드럽겠지만 저희들 살림 저희들이 벌어서 살아야지 어대다(이디다) 지대(기대)는 일없이 살아가고 있다. 속으로는 불평을 하는지 모르겠지만 아직까지는 나한테 불평은 하지 않았다. 내 부모님이 생존해 계실 때 내 호주머니는 텅텅 비어도 부모님 용돈은 덜어지게 한 일은 없다. 어떤 어려움이 있어도 부모님 용돈만은 챙겨드렸다. 그래서 그러는지 돌아가셔서도 자식을 따라다니며 생명을 구해주는 것 같다. 소복은 재근이라는 말이 있듯이 복 없는 사람은 몸으로 열심히 벌어 살면 된다.

자식인 큰 아들 준헌이도 나하는 대목일을 하고 있다. 맨 처음 금산사 대장전(?) 보수공사 때 해체하는 과정에 와서 부재에 번호를 붙여 주라하여 와서 부재에 번호를 부치는 과정에 몇 번 반복하여 물어보더니 그때 대목에 관심을 가졌는지 지금은 큰 대목이 되어 활발히 일하고 있다. 부모된 나로서는 대학을 못 보낸 게 너무나 죄책감이 크고 한이 맺힌다. 이 시대는 학벌중심으로 인생의 앞날이 결정되는 세상이다 보니 더욱 그렇다. 열손가락 깨물면 안 아픈 손가락 없듯이 부모된 나로서는 자식들을 보면 미안하고 죄책감이 앞선다. 나뿐만이 아니라 다른 사람들도 그럴 것이다. 기술적 기능이 뛰어나다하더라도 학벌이 우선이기 때문이다. 학벌도 중요하겠지만 나의 생각은 기술이 우선인 정책이 되어야 된다는 말이다. 나는 자식들에게 말하기를 의욕(과욕)을 버리고 소신껏 살아가라. 그러면 마음이 편하다라고 말한다.

제4장 조사된 어휘

1. 건축일반

1.1. 지붕의 형태

　지붕의 전체적인 형태는 원시 움집의 원추형에서부터 시작하여 맞배집, 우진각집, 합각집, 사모집 등이 있다.

　우진각집은 한 채의 집의 네 귀에 추녀를 달아 용마루까지 올려서 지붕의 4면으로 빗물이 흐르게 된 집이다. 합각집은 처마끝은 모임 지붕처럼 되고, 지붕마루 부분에 삼각형의 벽을 꾸며 까치박공을 달은 집을 말한다. 박공집은 건물의 측면 좌우 끝에 박공을 달아 벽면 상부가 삼각형으로 튄 집이며, 뱃집은 배위에 집을 지을 때 간단히 박공집으로 한 데서 온 말이다. 사모집은 모임집이라고도 하는데 평면이 정방형으로 되고, 추녀 마루만이 지붕 중앙에 모이게 된 집을 일컫는다.

모임집	한 채의 집의 네 귀에 추녀를 달아 용마루까지 올려서 지붕의 4면으로 빗물이 흐르게 된 집. 우진각집.
우진각집 隅進閣屋	모임집.
합각집 合閣屋	처마끝은 모임 지붕처럼 되고, 지붕마루 부분에 삼각형의 벽을 꾸며 까치박공을 달은 집. 팔작집(八作家).
팔작집 八作家	한 채의 집의 네 귀에 추녀를 달고, 위는 합각을 낸 집.
박공집 朴工家	건물의 측면 좌우 끝에 박공을 달아 벽면 상부가 삼각형으로 튄 집, 맞배집. 뱃집. 뱃집은 배위에 집을 지을 때 간단히 박공집으로 한 데서 온 말.
맞배집	박공집.
뱃집	① 박공집. ② 배 위에 간단히 지은 집. 지붕 모양을 박공집 형식으로 함.
삿갓집	지붕을 삿갓모양으로 꾸민 집. 방형집(方形家). 네모집.
사모집	평면이 정방형으로 되고, 추녀 마루만이 지붕 중앙에 모이게 된 집.

[표 1] 지붕의 형태에 따른 집의 이름

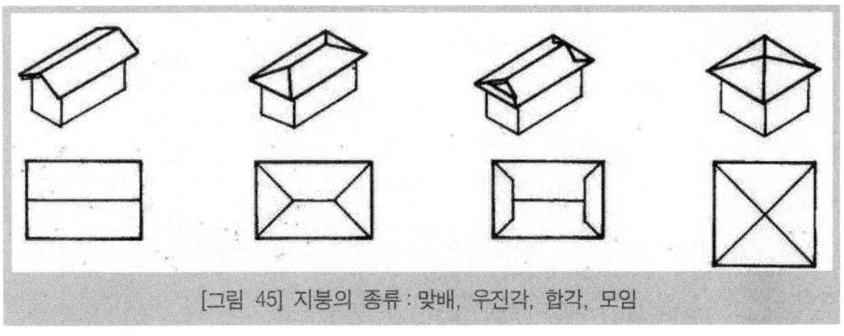

[그림 45] 지붕의 종류 : 맞배, 우진각, 합각, 모임

1.2 가구(架構)의 구조

기둥보구조의 목구조에서 건물을 만드는 뼈대의 얽기를 가구라고 한다. 가구는 도리의 수에 따라 일반적으로 3량가, 5량가, 1고주5량가, 7량가, 1

고주7량가, 심고주칠량가로 나뉜다. 목조건축에서 가구를 구성하는 가장 중요한 부재는 기둥과 보와 도리이다. 이들이 어떻게 조합형태에 따라 가구법의 종류를 구분한다. 3량가는 가장 간단한 구조로 부속채 등에서 사용되며 5량가는 살림집을 비롯해 가장 많은 건물에서 사용되며 전면에 퇴를 두고 고주를 세우는 경우에 1고주5량가가 일반적이다. 7량가 이상은 규모가 큰 사찰의 법당이나 궁궐건물에서 많이 사용된다. 사량집은 한 간 또는 한 간 반의 간 사이에서 전연은 오량집처럼 도리를 걸고, 후면은 세마루처럼 꾸민 집이거나 마루도리를 걸지 아니하고, 전후도리를 가깝게 걸고 서까래를 수평으로 걸며 용마루는 적심 또는 알매흙으로 채워 꾸민 집을 일컫는다. 엇마루집은 지붕마루가 집채의 중간에 있지 아니하고, 한 쪽으로 치우쳐 있어 전후 지붕면의 길이나 경사를 다르게 꾸민 집으로 엇가게에서 온 말이다.

삼량집 三梁家	전후 처마도리와 용마루도리 셋으로 구성된 지붕틀로 꾸민 집. 곧 도리 세 개로 짜인 집. → 세마루집.
세마루집	삼량집.
사량집 四梁家	① 한 간 또는 한 간 반의 간 사이에서 전연은 오량집처럼 도리를 걸고, 후면은 세마루처럼 꾸민 집. ② 마루도리를 걸지 아니하고, 전후도리를 가깝게 걸고 서까래를 수평으로 걸며 용마루는 적심 또는 알매흙으로 채워 꾸민 집. → 평사량집.
평사량집 平四梁家	마루대없이 전후중도리에 서까래를 수평으로 걸고 지붕마루는 적심이나 흙을 채워 꾸민 집.
오량집 五梁家	지붕 전후면에 처마도리와 중도리를 걸고 중앙에 용마루도리를 걸어 지붕틀을 꾸민 집.
칠량집 七梁家	2간 반 또는 3간 이상이 되는 간 사이에 전후 처마도리와 중도리 및 용마루도리 7개를 걸어서 꾸민 집.
치량집	측면 3간집에 도리·중도리·마룻대 등 모두 7개를 쓴 지붕틀로 꾸민 집. 칠량집의 변음.
엇치량집 —梁架	전면은 칠량, 후면은 오량 형식으로 지붕틀을 짜서 지은 집. 지붕틀을 엇치량으로 꾸민 집.
엇마루집	지붕마루가 집채의 중간에 있지 아니하고, 한 쪽으로 치우쳐 있어 전후 지붕면의 길이나 경사를 다르게 꾸민 집. 엇가게에서 온 말.

[표 2] 가구의 구조에 따른 집의 이름

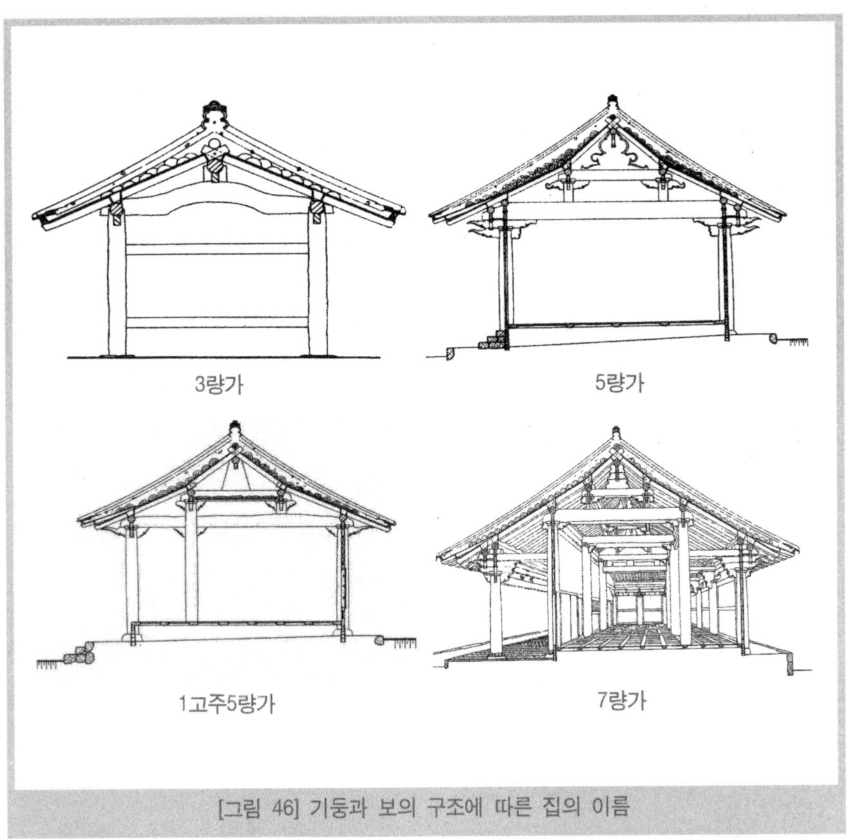

[그림 46] 기둥과 보의 구조에 따른 집의 이름

2. 건축 재료

2.1. 못과 보강철물

못은 머리 모양에 따라 정(丁), 두정(頭丁), 도내정(道乃丁), 광두정(廣頭丁), 압항정(鴨項丁)이 있다. 도내정은 머리부분이 가운데가 솟아 꺽어진 모습의 두루룩한 모양이며 광두정은 머리가 크고 둥글게 만든 형태이다. 압항정은 오리모가지 형태의 굽은 못이다. 거멀못은 부재의 이음새에 틈이 벌어지지 않도록 꺽쇠의 역할을 한다. ㄷ자 형태로 되어 있어 못이 필요하지 않다. 국화쇠는 꽃무늬를 새 겨 만든 장식 철판으로 배목·고리 등의 밑판(座板) 또는 못머리의 장식으로 댐. 한 장의 철판에 꽃무늬를 돋히거나 여러 겹으로 겹쳐 대기도 한다.

　보강철물 중 띠쇠는 기둥, 동자주 등을 감아죄어서 보강하여 대는 철물로 『인정전영건도감의궤(仁政殿營建都監儀軌)』에서는 '주대철장육척광삼촌십개(柱帶鐵長六尺廣三寸十箇)'과 같이 길이(長)와 너비(廣)의 치수를 기입하였다. 안장쇠는 ㄷ자 형으로 휘어 감게 되는 띠쇠로 특별히 가운데 부분만 휘게 된 것을 늑견마철이라고 한다. 감자비쇠는 띠쇠를 ㄷ자형으로 꺽어 만든 보강철물의 하나로 대문 널 밑과 같은 곳을 감아주는 철물로 여러 곳에 쓰였다.

도내두정 道乃頭釘	머리가 홈구멍(도내)에 맞게 만든 못. 못머리가 두두룩 하여 좁고 길게 되었음.
광두정 廣頭釘	머리가 크고 넓게 만들어 장식 겸용으로 쓰이는 못.
대두정 大頭釘	옷머리를 크게 만든 못.
거멀못 巨勿釘	ㄱ자 또는 ㄷ형으로 구부려 만든 못. 두 재를 연결하거나 깨진독 등을 연결할 때에 쓰임. 또 철망·메탈라스 등을 치는 데에도 쓰임.
국화쇠 菊花緻	꽃무늬를 새 겨 만든 장식 철판. 배목·고리 등의 밑판(座板) 또는 못머리의 장식으로 댐. 한 장의 철판에 꽃무늬를 돋히거나 여러 겹으로 겹쳐 대기도 함. 괏쇠(준).

[표 3] 못의 종류

모서리쇠	기둥·벽·모서리에 세워 대어 미장 역면의 모서리가 상하지 않도록 보호하는 철물. 코너비드.
귀싸개장식	갑(匣)이나 함(函)등의 삼면 모통이를 감싸 대는 장식쇠.
귀장식 隅裝飾	귀싸개장식.
감잡이쇠 ㅂ佐排金	① 띠쇠를 ㄷ형으로 꺾어 만든 보강철물의 하나. ② 평보를 대공에 달아낼 때 또는 평보와 t자 보의 밑에 감게되는 철물.
띠쇠 帶鐵	띠모양으로 된 이음 철물. 좁고 긴 철판을 적당한 길이로 잘라 이음새·맞춤새에 어어 두 부재가 벌어지지 않게 보강하는 철물. 대철.
안장쇠 鞍裝鐵	한 부재에 걸쳐 놓고 다른 부재를 받게 되는 안장처럼 만든 철물.
견마대철 牽馬帶鐵	안장쇠
박공장식 朴工裝飾	좌우 박공판이 맞닿는데 보강과 장식을 겸하여 박아대는 철물. 지내철·방환·현어 따위.
지내철	박공판이 용마루 부분에서 마주치는 곳에 좌우 박공판을 연결 고정하는 꺾쇠 모양의 철물. 또 널찍한 철판에 무늬를 새긴 것도 쓰임.
나사탕개	나사를 틀면 좌우에 연결되는 쇠가 서로 당겨지게 된 쇠.

[표 4] 보강철물의 종류

2.2. 창호철물

대접쇠는 대문 둔테의 장부 구멍 가장자리에 대는 말굽형의 쇠이며 찰쇠는 대문짝이 대접쇠에 닿는 부분이 대는 쇠이다. 『화성성역의궤(『華城城役儀軌)』에서는 이를 같이 '대첩금패금구('大貼金佩金具)'라고 기술했다. 철엽은 화갈·총탄 등을 막아 낼 수 있도록 성문 등의 표면에 붙인 철판쪽이고 장부쇠는 창문의 상하 장부를 보강하기 위하여 씌우는 쇠를 말하며, 장부금, 장부철라 부르기도 했다. 돌쩌귀는 철판을 둥글게 감아 구멍을 내고 다른 하나는 장부를 감아 넣어 구멍에 꽂아 창문을 돌려여는 창호 철물이다. 배목은 문고리를 걸어 자물쇠를 꽂게 된 철물로 한 끝은 둥근 구멍을 내고 다른 끝은 못 모양으로 되어 있다. 둥근 구멍 부분이 세 가닥으로 되어 있는 것이 삼배목이다.

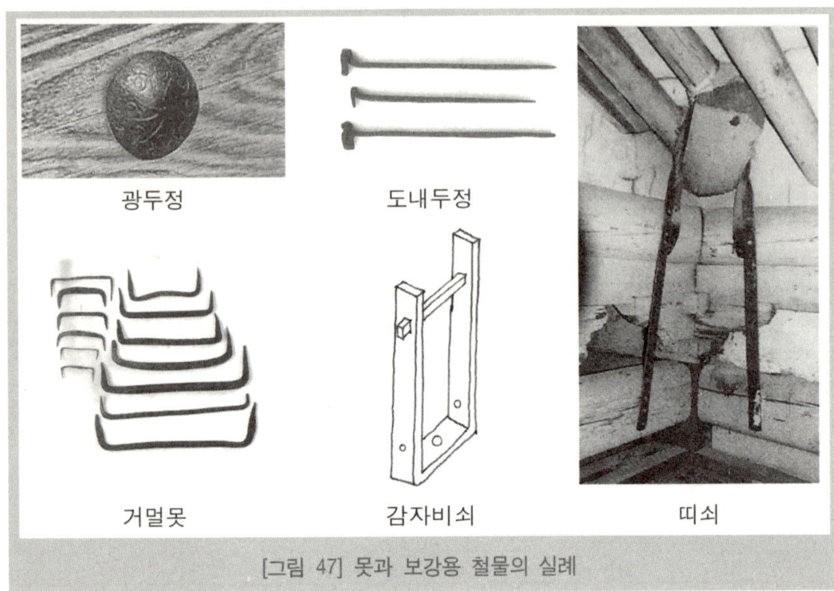

[그림 47] 못과 보강용 철물의 실례

신쇠靴金	큰대문짝의 아래 문장부로 끼우는 쇠. 화금.
장부쇠 尤夫金, 丈夫鐵	창문의 상하 장부를 보강하기 위하여 씌우는 쇠. 장부금. 장부철
철엽鐵葉	화갈·총탄 등을 막아낼 수 있도록 성문 등의 표면에 붙인 철판쪽.
쇠신錢—	말뚝끝에 대어 뾰죽한 끝이 찍기거나 꺾어지는 것을 보강하는 철물.
대접쇠 大貼鐵	대문둔테의 장부 구멍 가장 자리에 대는 말굽형의 쇠.
찰쇠佩鐵	① 대문짝이 대접쇠에 닿는 부분에 대는 쇠. ② 풍수의 지관(地官)이 몸에 지니고 다니는 지남철.
패철佩鐵	찰쇠. ① 지관(地官)이 몸에 지니고 다니는 지남철(指南織). ② 대문 장부 옆에 나무가 닿지 않게 박는쇠. 대접쇠 위를 스치며 돌게 됨.
패금佩金	찰쇠.

〈표 5〉 창호철물의 종류

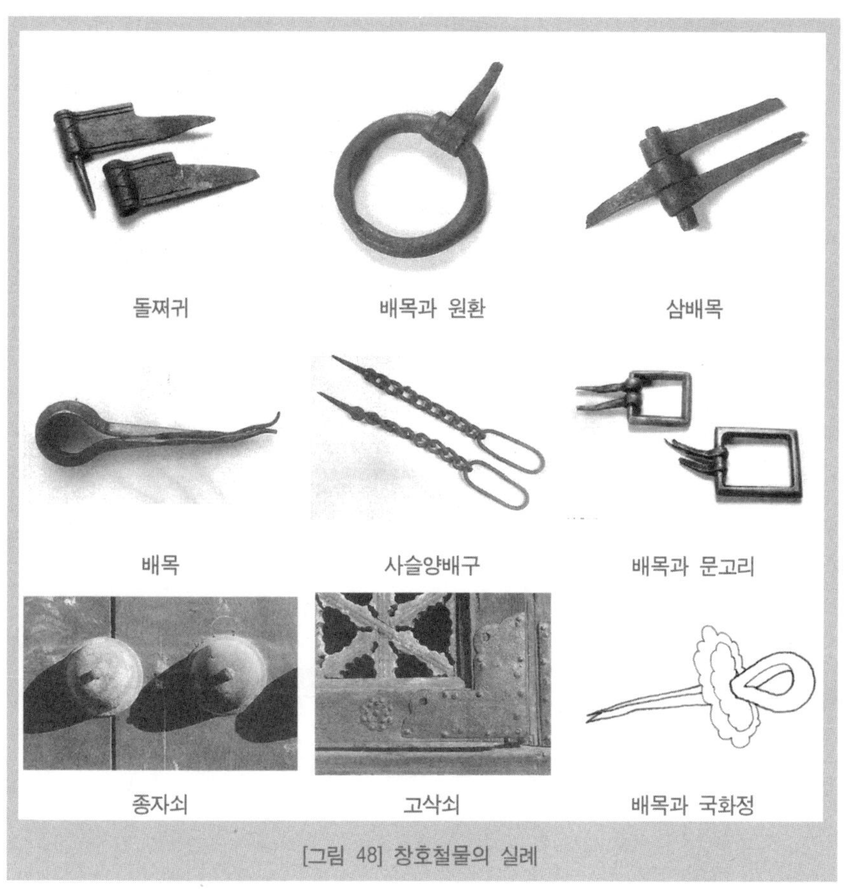

[그림 48] 창호철물의 실례

2.3. 장식철물

방환은 박공판을 박아댄 못머리를 덮어 가리어 박은 장식 철물이고, 사래끝장식은 사래 끝머리에 박아 대는 장식 철판으로 나무의 부식을 보호하며 장식하는 것이다. 법수편철은 난간 어미기둥 머리를 장식하고 돌란대 등과 연결 고정하는 철물이다. 지느러미는 박공판의 용마루 부분에서 마주치는 곳에 좌우 박공판을 연결 고정하는 꺾쇠모양의 철물이다. 『仁政殿營建都監儀軌』에서는 '蜈蚣鐵 長三尺二寸廣一尺三寸二箇朴只 五寸道乃頭釘一百二十箇'라 하여 지네철 2개와 박이로 도내두정이 쓰인 것을 알 수 있다.

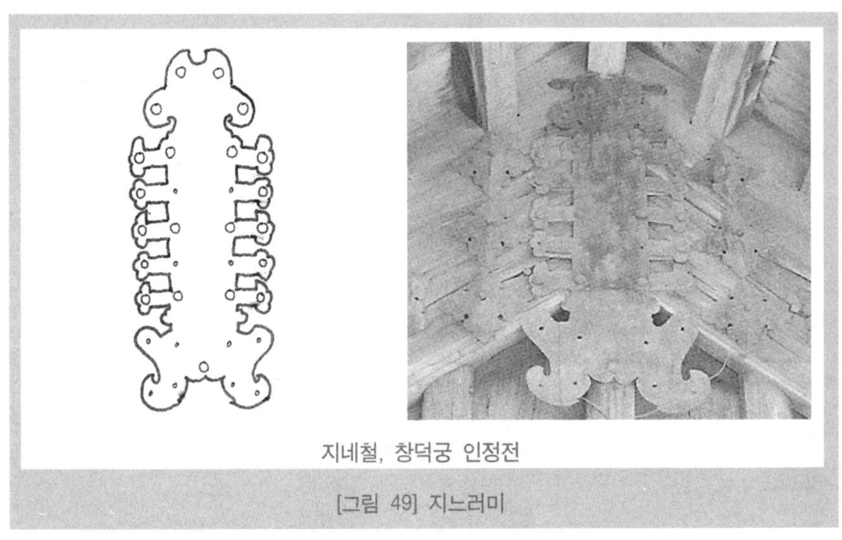

지네철, 창덕궁 인정전

[그림 49] 지느러미

3. 목조 부재

3.1. 이음

이음은 목재의 접합 방법의 하나로 같은 길이방향으로 두 부재를 접합하는 것을 말한다. 이음 방법은 다양한데, 목조건물에서 가장 많이 사용하는 방법은 주먹장이음이고 기둥을 이을 때는 동발이음이나 엇걸이산지이음이 이용되었다. 주먹장이음은 한 재는 주먹장부를 내고 다른 재에는 주

먹장 구멍을 파서 물리게 하는 이음이고, 동발이음은 기둥 밑동의 부식부
분을 짧게 잘라서 길게 이어 내는 것. 엇걸이산지이음은 한 재를 엇빗내
어 내리맞추면 물리게 되고 옆에서 산지를 박는 이음이다. 이음길이는 재
의 키의 2. 5배 이상이고, 중간경사는 키의 1/10, 산지는 1/6로 하며, 도리와
중도리 등의 힘을 받는 재의 이음에 적합하다. 이밖에도 상투이음은 굵게
만든 장부 또는 턱솔이음의 속칭이고, 한 재에 굵고 긴 촉을 만들어 다른
재의 촉구멍에 끼여 이어치게 한 것이다. 빗걸이 이음은 빗턱을 2단으로
만들어 서로 물린 이음으로, 밑에 기둥, 보 등의 받침이 있을 때에 가로지
른 재의 이음에 쓰인다. 촉, 볼트, 꺾쇠 등으로 보강한다. 메뚜기장이음은
끝머리가 메뚜기 대가리처럼 생긴 긴 촉을 내어 물 리는 이음으로 인장재
에 효과 가 있고, 촉이음은 목재의 두 부재 사이에 촉을 꽂아서 잇는 것으
로 촉은 부재와 동질의 나무 또는 참나무를 쓴다.

이음 連接	① 재(材)를 길이 방향으로 이어가는 방법. 또는 그곳. ② 배관에 있어서 이음에 사용하는 엘보우·티·유니온·소켓·밴드·니플·붓싱·캡·플러그 등.
베개이음	기둥 위에 베개 모양으로 받쳐 대고 그 위에서 이어지게 하는 것.
상투이음	① 굵게 만든 장부 또는 턱솔이음의 속칭. ② 한 재에 굵고 긴 촉을 만들어 다른 재의 촉구멍에 끼여 이어치게 한 것.
동발이음	기둥 밑동의 부식부분을 짧게 잘라서 길게 이어 내는 것.
맞댄이음	① 2부재가동일연 내에서 접합하는 이음. ② 목재의 옆연이나 마구리면이 서로 맞대어 이어지는 것.
반턱이음	두 재를 서로 절반씩 턱지게 따내어 면이 일치되도록 이은 것. 또는 그 자리
빗걸이이음	빗턱을 2단으로 만들어 서로 물린 이음. 밑에 기둥·보 등의 받침이 있을 때에 가로지른 재의 이음에 쓰임. 촉·볼트·꺾쇠 등으로 보강함.

엇걸이산지이음	한 재를 엇빗내어 내리맞추면 물리게 되고 옆에서 산지를 박는 이음. 이음길이는 재의 키의 2. 5배 이상. 중간경사는 키의 1/10, 산지는 1/6로 하며, 도리·중도리 등의 힘을 받는 재의 이음에 적합함.
주먹장이음	한 재는 주먹장부를 내고 다른 재에는 주먹장 구멍을 파서 물리게 하는 이음.
메뚜기장이음	끝머리가 메뚜기 대가리처럼 생긴 긴 촉을 내어 물 리는 이음. 인장재에 효과 가 있음.
장부이음	장부를 내어 다른 재에 깊이 박아넣는 이음.
맞장부이음	두 재에 서로 길게 장부를 내어 물리는 이음.
산지이음	목재의 이음에서 두 재를 꿰뚫어 가는 나무(산지)를 꽂아 물러나지 않게 보강한 이음.
촉이음	목재의 두 부재 사이에 촉을 꽂아서 잇는 것. 촉은 부재와 동질의 나무 또는 참나무를 씀.

〈표 47 〉 부재 이음의 종류

3.2. 맞춤

맞춤은 목재의 접합 방법의 하나로 두 부재가 서로 직교 또는 경사각으로 접하는 방법이다. 가장 일반적인 맞춤은 주먹장맞춤, 장부맞춤, 사괘맞춤 등이 있다. 두 부재가 맞춤을 이루는 경우 이외에 세 부재가 맞춤을 이루는 경우도 있다.

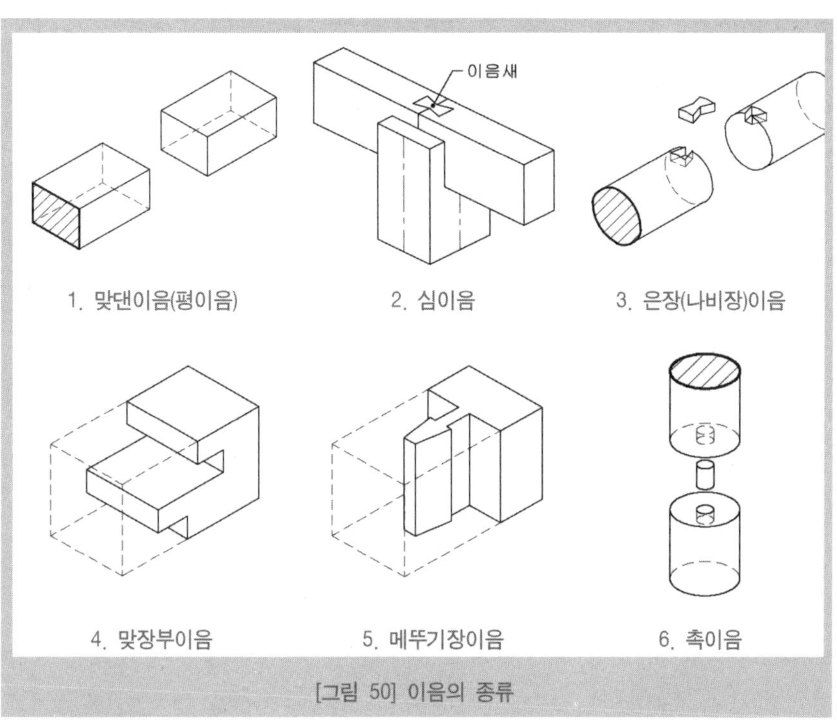

[그림 50] 이음의 종류

촉장부맞춤	두 부재에 구멍을 뚫어 이에 맞는 목재의 촉을 따로 끼워 맞추는 것. 대량생산용 목재 가공 및 목재절약을 위하여 창문틀, 창문 울거미 짜기 등에 쓰임.
쌍촉맞춤	① 촉을 한 재에 두 개씩 꽂게 된 맞춤. ② 쌍장부맞춤의 딴 이름.
은장맞춤	은장을 따로 끼워넣는 맞춤.
사개맞춤	① 상자 등의 모서리를 여러 갈래로 나누어 서로 물리게 하는 맞춤. ② 기둥과 보와 도리의 맞춤.
화통맞춤	기둥 위를 네갈래로 하여 보와 도리가 끼이게 하는 맞춤.
연귀맞춤	직교되거나 경사 교차되는 나무의 마구리가 보이지 않게 서로 45° 또는 맞닿는 경사각의 반으로 빗잘라 대는 맞춤. 큰연귀·반연귀·촉연귀 등 여러 가지로 함.
상투걸이	보머리 부분을 기둥 위에 덮어걸고 도리를 얹으면 기둥 상부에 내 긴 촉(상투)이 보와 도리 두 재를 꿰뚫어 꽂히게 되는 맞춤.

주먹장통 맞춤	한 재의 끝을 주먹장으로 하고 다른 재에 끼어 넣는 통맞춤.
트인장부 맞춤	장부의 등과 마구리가 내보이게 된 끝모서리의 맞춤.
반턱맞춤	두 재를 서로 그 높이의 반만큼 따내고 맞추는 일. 또 그 자리. 위에 있는 것을 업힐장, 밑에 있는 것을 받을장이라 함.

〈표 8〉 맞춤의 종류

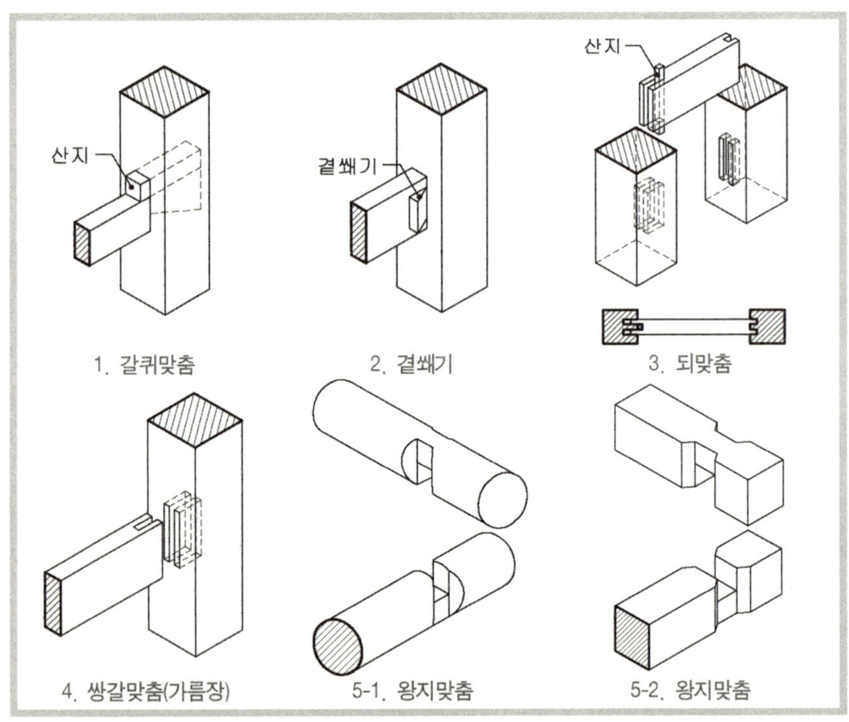

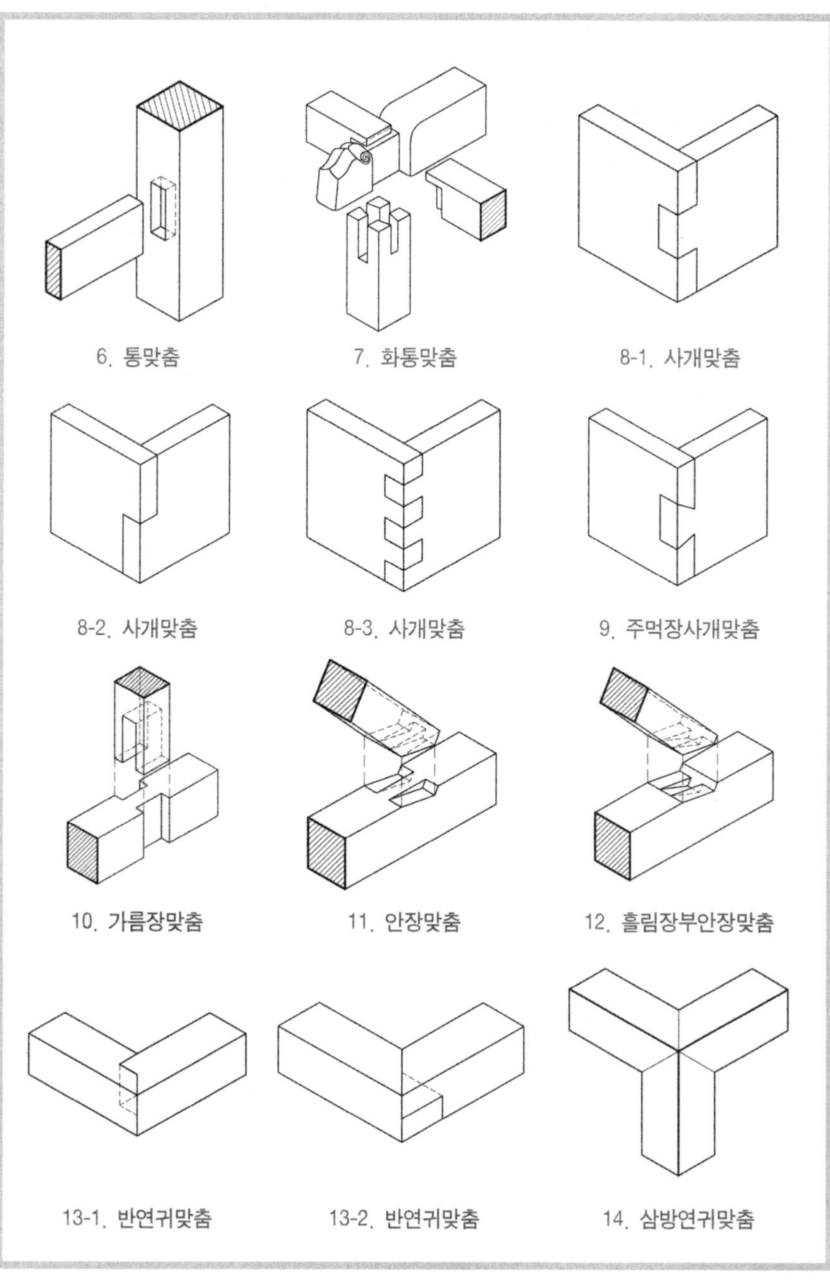

6. 통맞춤
7. 화통맞춤
8-1. 사개맞춤
8-2. 사개맞춤
8-3. 사개맞춤
9. 주먹장사개맞춤
10. 가름장맞춤
11. 안장맞춤
12. 흘림장부안장맞춤
13-1. 반연귀맞춤
13-2. 반연귀맞춤
14. 삼방연귀맞춤

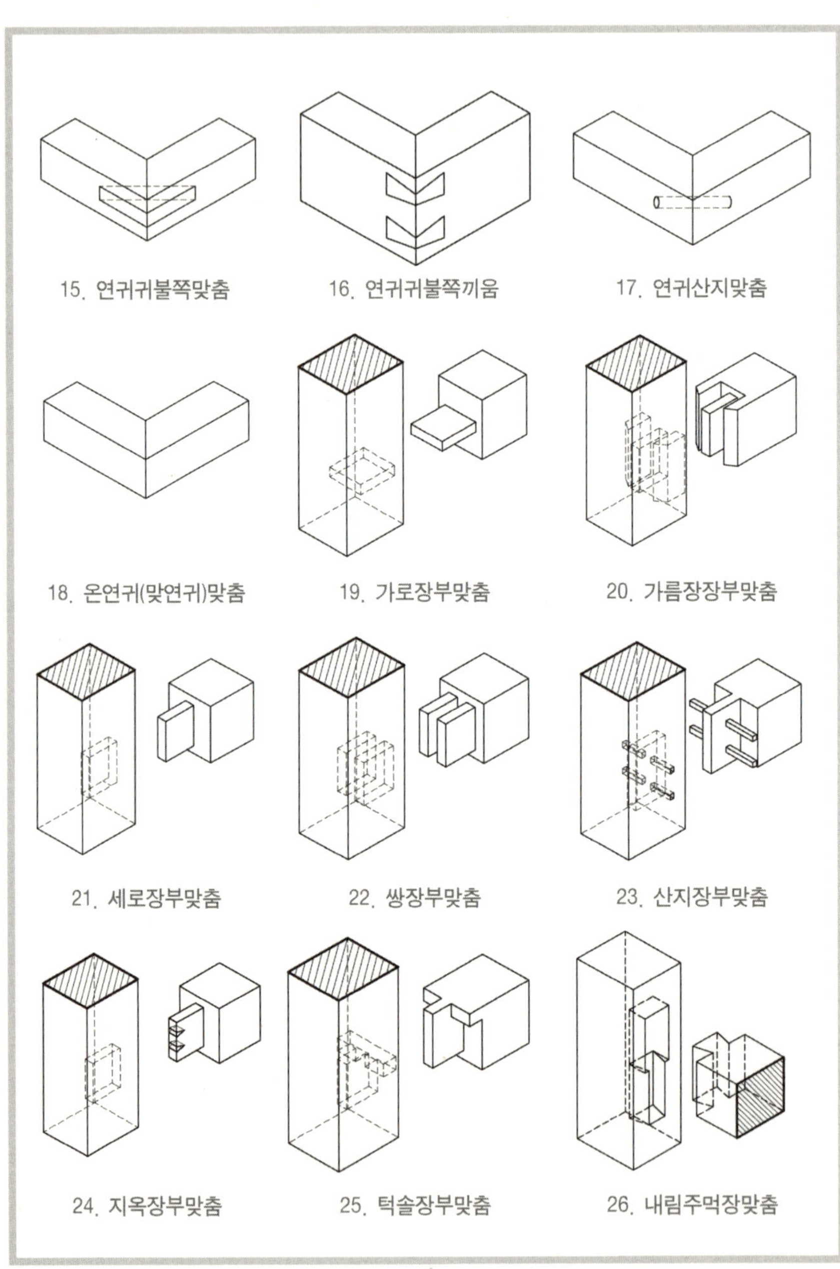
15. 연귀귀불쪽맞춤
16. 연귀귀불쪽끼움
17. 연귀산지맞춤
18. 온연귀(맞연귀)맞춤
19. 가로장부맞춤
20. 가름장장부맞춤
21. 세로장부맞춤
22. 쌍장부맞춤
23. 산지장부맞춤
24. 지옥장부맞춤
25. 턱솔장부맞춤
26. 내림주먹장맞춤

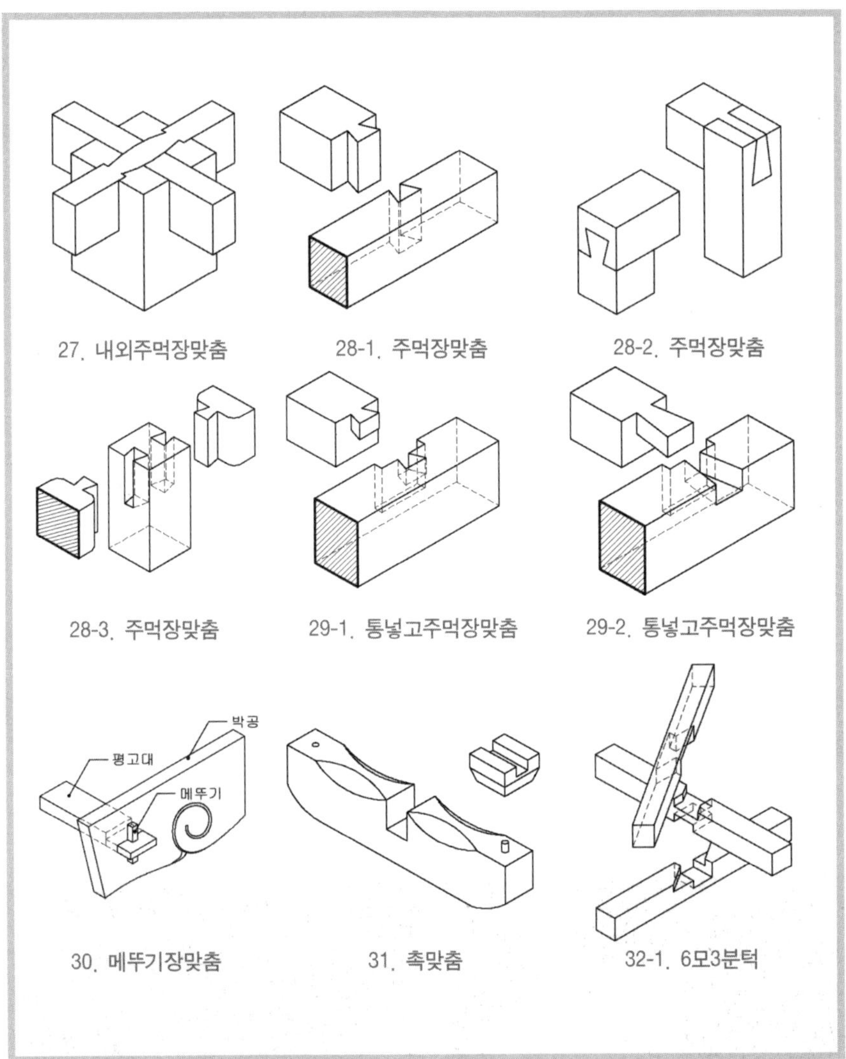

27. 내외주먹장맞춤 28-1. 주먹장맞춤 28-2. 주먹장맞춤

28-3. 주먹장맞춤 29-1. 통넣고주먹장맞춤 29-2. 통넣고주먹장맞춤

30. 메뚜기장맞춤 31. 촉맞춤 32-1. 6모3분턱

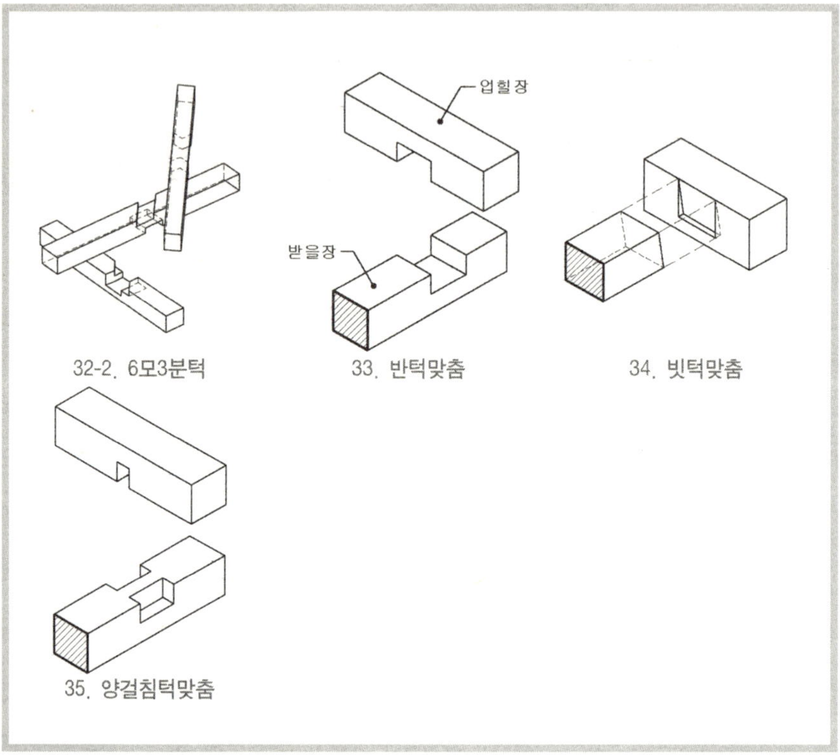
업힐장
받을장
32-2. 6모3분턱
33. 반턱맞춤
34. 빗턱맞춤
35. 양걸침턱맞춤

[그림 51] 맞춤의 종류

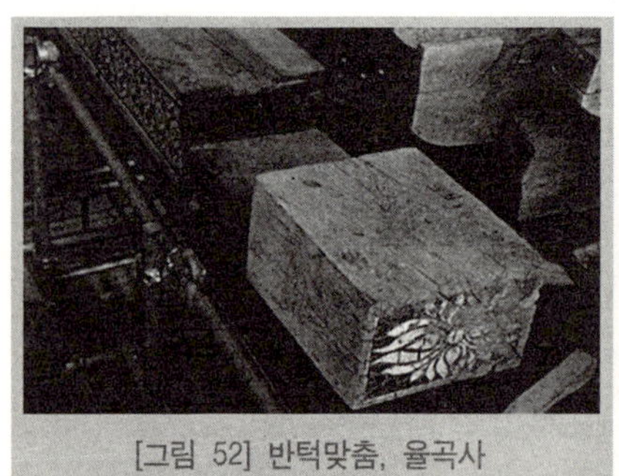

[그림 52] 반턱맞춤, 율곡사 대웅전-영조규범(22), 문화재청(06)

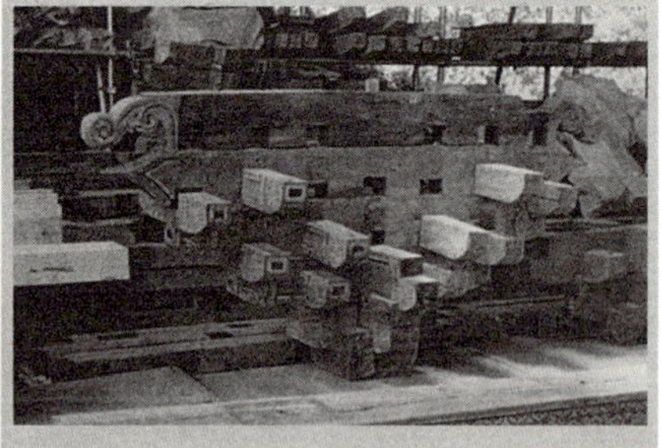

[그림 53] 공포 반턱맞춤, 율곡사 대웅전-영조규범(22), 문화재청(06)

[그림 54] 나비장 맞춤-법주사 팔상전,
영조규범(21), 문화재청(06)

[그림 55] 도리 연귀맞춤, 법주사 팔상전, 영
조규범(21), 문화재청(06)

[그림 56] 사개맞춤, 법주사 대웅전,
영조규범(23), 문화재청(06)

[그림 57] 엇장부 맞춤, 법주사 대웅전,
영조규범(23), 문화재청(06)

[그림 58] 연귀맞춤(01), 선암사 대웅전,
영조규범(24), 문화재청(06)

[그림 59] 연귀맞춤(02), 선암사 대웅전,
영조규범(24), 문화재청(06)

3.3. 쪽매

얇은 나무쪽이나 널조각을 붙여 대어 마루바닥 등을 깔아가는 방법으로 그 나무쪽이나 널조각을 이른다.

쪽매	널 등을 옆으로 대어 넓게 부합하는 것.
널쪽매	널을 넓게 옆으로 대어 붙이는 것. 쪽매.
마루널쪽매	마루널을 장선에 붙여대어 넓게 하는 것. 제혀쪽매, 딴혀쪽매, 틈막이대쪽매, 반턱쪽매 등.
맞댄쪽매	널 옆을 서로 맞대어 깔거나 붙여 대는 것. 널 위에서 못질함.
반턱쪽매	널의 옆을 두께의 반만큼 턱지게 깎아서 서로 반턱이 겹치게 물리는 널깔기. 변탕.
빗쪽매	널 옆을 빗깎아 쪽매하는 널깔기에 쓰임.

〈표 9〉 쪽매의 종류

3.4 기둥

상부 하중을 받아 지면에 전달하는 부재가 기둥이다.

기둥은 쓰인 위치에 따라 명칭이 달라진다. 탑의 정중앙에 놓이는 심주와 심주 네 모서리에 놓이는 사천주가 있다. 또 기둥은 높이에 따라서 고주와 평주가 있으며 모서리에 놓이는 기둥을 귓기둥 또는 우주라고 부른다. 고주는 보통 기둥보다 높게 된 기둥을 말한다. 건물이 중층일 경우는 상층기둥, 하층기둥으로 나누어 부르게 된다. 툇기둥은 툇간에 세운 기둥으로 평주보다 낮게 쓰여진다.

샛기둥	벽을 치기 위해 본기둥 사이에 세우는 작은기둥.
상층평주	상하 2층 또는 중층 건물에서 아래충 위에 서는 기둥.
하층평주	상하 2층 또는 중층 건물에서 위층 밑에 세운 기둥.
상층기둥	상하 2층 또는 중층 건물에서 위층에 까운 기둥.
하층기둥	상하 2층 또는 중층 간물에서 아래충의 기둥.
귓기둥	건물의 모퉁이나 구석에 세운 기둥.
우주	귓기둥.
고주	보통 기둥보다 높게 된 기둥. 솟을지붕 또는 동자기둥을 겸하여 쓰이는 기둥.
툇기둥	툇간에 세운 기둥. 물림간의 바깔 쪽에 서는 기둥. 평주보다 낮게 됨. 퇴주.

〈표 10〉 기둥의 종류

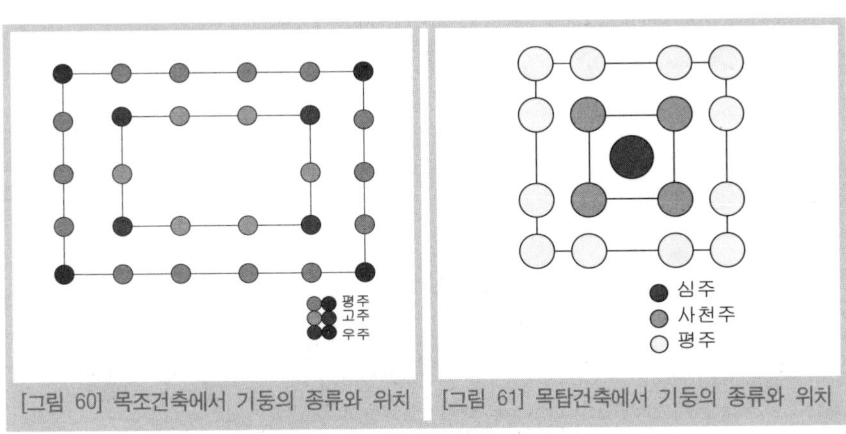

[그림 60] 목조건축에서 기둥의 종류와 위치　[그림 61] 목탑건축에서 기둥의 종류와 위치

[그림 62] 여수 진남관 기둥. 앞 쪽 가운데 기둥으로로부터 고주, 평주, 툇기둥

[그림 63] 여수 진남관 활주. 좌우 추녀를 받치고 있는 기둥.

[그림 64] 금산사 미륵전 활주, 1층주, 2층활주, 3층활주.
양쪽 모서리의 귓기둥, 그 사이의 평주

[그림 65] 금산사 미륵전 사천주

3.5. 보

보는 보통 건물의 앞뒤를 연결하는 수평 구조부재이다. 보는 그 위치와 쓰임에 따라서 명칭이 다양하며 구조가 복잡할 수록 다양한 보가 사용된다. 3량가에서는 대들보 하나만 사용되지만 5량가에서는 대들보와 종보가 사용되고 7량가에서는 대들보와 중보, 종보가 사용된다. 이외에 퇴칸에서 평주와 고주 사이에 걸리는 보를 툇보라고하며 건물측면에서 평주와 대들보를 잇는 것을 충량이라고 한다. 또 3평주5량가에서는 보통 맞보가 사용된다. 우미량은 도리와 보에 걸쳐 동자기둥을 받는 보이다. 또는 처마도리와 동자기둥에 걸쳐 그 일단이 중도리로 쓰이는 보를 말한다. 귀잡이보는 직교하는 깔도리에 45° 각 대각선상으로 건 보강보이거나, 평보의 좌우에서 45° 각 대각선상으로 깔도리에 걸친 보를 말한다. 귀접이보는 모서리에 'ㄱ'자로 연결되는 창방 등의 안쪽에 45°로 거는 보이다.

보 梁, 樑	지붕 또는 상층에서 오는 하중을 받는 재로서 기둥 또는 벽체 위에 수평으로 걸친 구조부재.
들보	지붕하중을 받는 가로재. 지붕보. 가량(架梁).
대들보 大梁	기둥 위에 얹힌 큰 지붕보. 기둥 사이에 건너지르는 보 중에서 가장 기본이 되는 보. 들보. 통들보. 합보.
평보 平梁	① 보통 평주 위에 거는 보. ② 서양 지붕틀에 서 수평으로 거는 보. 왕대공 지붕틀의 평보.
중보	종보와 대들보 사이의 보.
종보 宗梁	지붕가구에서 대들보 위에 동자기둥을 양쪽에 세우고 그 위에 건너지른 보. 대공을 받음. 마루보. 종량.
마룻보 宗梁	① 대들보 위의 동자주 또는 고주에 얹히어 중도리·마룻도리를 받는 보. 종보. ② 상층 마룻바닥의 장선 등을 지지하는 보. 층보. 바닥보. 혼돈되기 쉬우므로 종보·층보로 ①·②를 구별함.
귀잡이보	① 직교하는 깔도리에 45°각 대각선상으로 건 보강보. ② 평보의 좌우에서 45° 각 대각선상으로 깔도리에 걸친 보.

귀접이보	모서리에 'ㄱ'자로 연결되는 창방 등의 안쪽에 45°로 거는 보.
충량 衝梁, 衝樑	한 끝뜬 기둥에 짜이고 다른 끝은 들보에 걸 치게 된 측면의 보. 툇보·측면보 등에 쓰임.
우미량 牛尾梁	도리와 보에 걸쳐 동자기둥을 받는 보. 또는 처마도리와 동자기둥에 걸쳐 그 일단이 중도리로 쓰이는 보. 꼬리보.

〈표 11〉 보의 종류

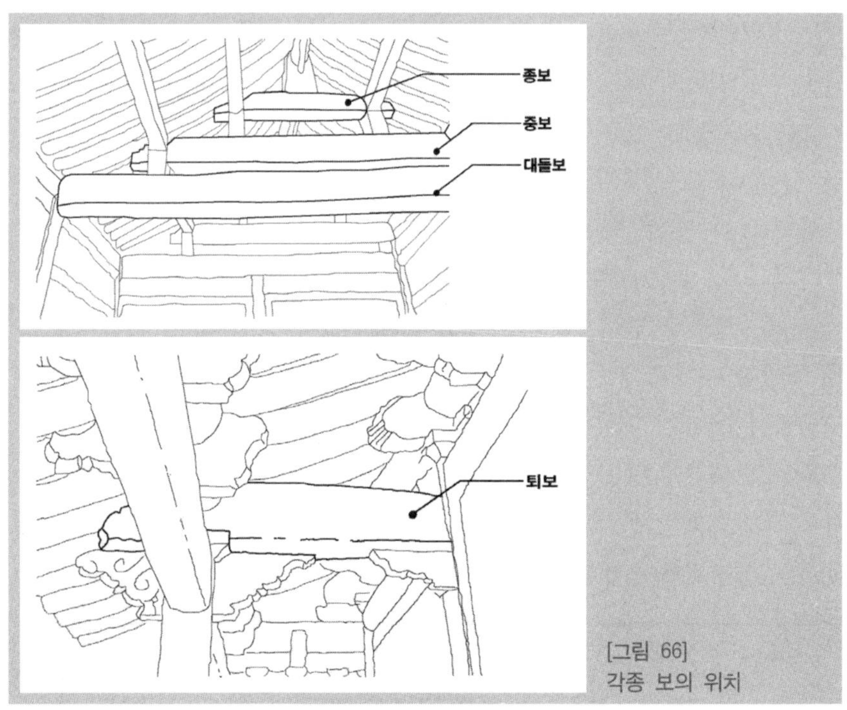

[그림 66]
각종 보의 위치

[그림 67]
강릉 칠사당 대들보

3.6. 구조재

체목은 나무구조 건축물의 뼈대로 쓰이는 목재. 기둥·보·도리 따위의
뼈대가 되는 재를 말한다. 연목은 서까래라고도 하며 화성성역의궤에 의
하면 대·중·소 연목으로 구분하였다. 도리는 가구부재 중에서 가장 위
에 놓이며 서까래를 받는다. 도리는 단면형태에 따라 납도리와 굴도리로
구분하며 놓이는 위치에 따라 주심도리(처마도리), 중도리, 종도리 등으로
구분하고 출목이 있을 경우는 출목도리가 사용된다. 출목도리가 사용되는
경우 주심도리를 생략하기도 한다. 대부분 건물은 굴도리가 사용되며 납
도리는 살림집에서 많다.

체목 體木	나무구조 건축물의 뼈대로 쓰이는 목재. 기 둥·보·도리 따위의 뼈대가 되는 재.
서돌	서까래·도리·보·기둥 따위의 중요한 체목을 통틀어 이르는 말
연목 椽木	서까래. 또 서까래로 쓰이는 통나무. 대·중·소 연목으로 구분함 (화성성역의궤).
도리	가구부재 중에서 가장 위에 놓이며 기둥 위에서 서까래를 받음.

〈표 12〉 구조재의 종류

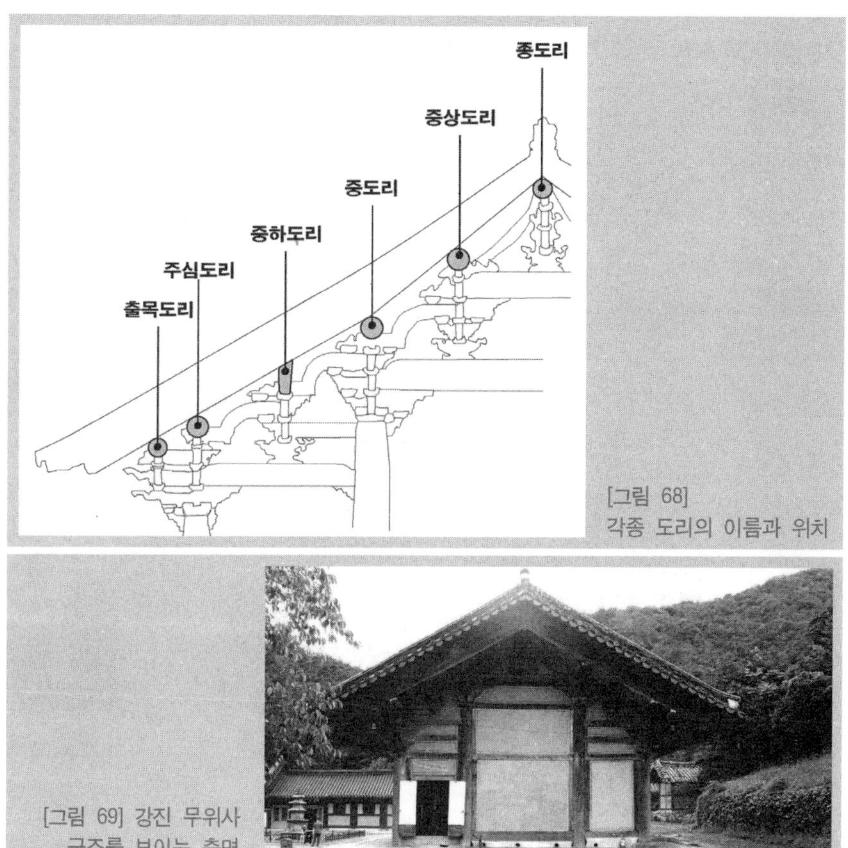

[그림 68]
각종 도리의 이름과 위치

[그림 69] 강진 무위사
구조를 보이는 측면

3.7. 보부재

보머리는 보가 기둥 또는 지지재 위에 맞추어지고 그 끝이 내밀어진 부분이다. 뺄목은 부재의 머리가 다른 재의 구멍이나 홈을 뚫고 내민 부분을 말하여 기둥을 뚫고 나온 보의 끝머리를 보뺄목이라고 한다.

보머리 梁頭	보가 기둥 또는 지지재 위에 맞추어지고 그 끝이 내밀어진 부분. 보 뺄목. 양두.
장부머리	장부 끝이 구멍 바깥으로 내밀어 나온 부분.
뺄목 枋頭	부재의 머리가 다른 재의 구멍이나 홈을 뚫고 내민 부분. 장부머리 따위.
보뺄목	기둥을 뚫고 나온 보의 끝머리.
귀뺄목	건물의 귀에 오는 가로재가 기둥에 끼이고 밖으로 내민 부분.

[표 13] 각종 보부재

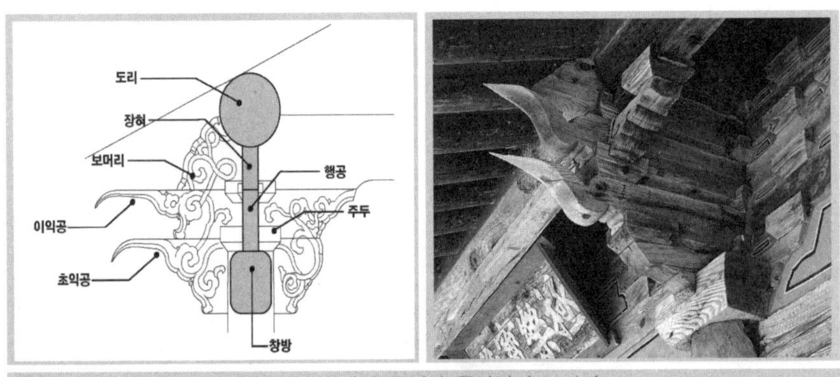

[그림 70] 강진 무위사 극락전의 보머리

3.8. 창방

창방(昌防)은 기둥머리를 좌우수평으로 연결시키는 부재이다. 폭보다 춤이 높으며 보통 둥근모접기를 한다. 기둥과는 주먹장맞춤이 일반적이며 모서리의 귓기둥에서는 창방머리가 기둥 밖으로 약간 튀어나오게 하는데 이를 창방뺄목이라고 하고 각종 초각을 베푼다. 다포에서는 간포를 받치기 위해 창방위에 폭이 춤보다 큰 부재를 하나 더 올리는데 이를 평방이라고 한다. 평방은 창방과 하중을 분담한다.

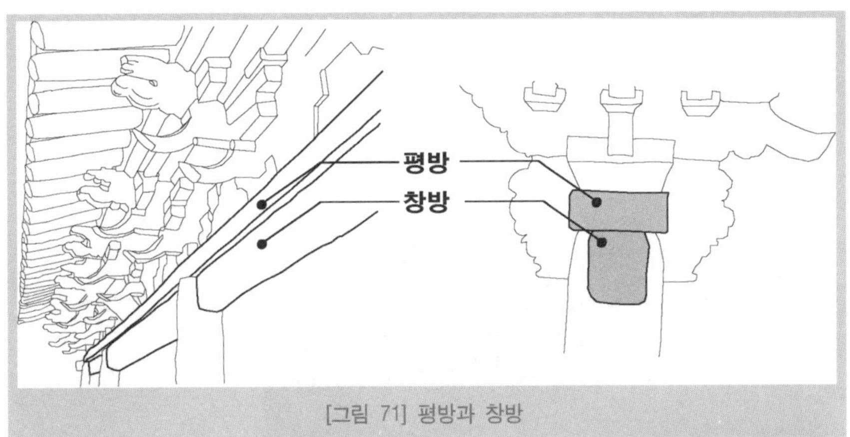

[그림 71] 평방과 창방

[그림 72] 서울 조계사 일주문의 창방과 평방

[그림 73] 평방 상부, 덕수궁 대한문, 영조규범(21), 문화재청(06)

[그림 74] 평방, 덕수궁 대한문, 영조규범(21), 문화재청(06)

　민도리집은 창방이 없고 도리나 장혀가 창방을 대신하는 경우가 많다.
익공집에서는 보 방향의 익공과 기둥머리에서 사괘맞춤으로 짜진다. 다포
형식에서는 창방만을 가지고는 간포의 하중을 받기가 어려우므로 창방
위에 평방이 하나 더 올라간다.

[그림 75]
창방을 치목하는 도편수
전명복

　창방은 기둥과 기둥을 서로 연결하여 잡아매는 역할을 하므로 기둥과
주먹장맞춤으로 연결하여 옆으로는 빠지지 않는다. 창방과 같은 모양으로
종도리 밑에 종도리와 같은 방향으로 대공을 연결시키는 경우도 있는데
이것을 뜬창방이라고 한다. 그리고 창방은 건물 모서리에서는 창방머리가
기둥 밖으로 약간 튀어나오게 하는데 이것을 창방뺄목이라고 한다. 창방
뺄목은 초각하는 경우가 많다.

3.9. 평방

　평방(平防)은 다포형식의 건물에서 간포를 받기 위해 창방 위에 가로놓
이는 부재이다. 평방은 춤보다 폭이 더 넓으며 창방과 마찬가지로 모서리
에서는 머리가 기둥 밖으로 약간 튀어나오도록 하는데 이것을 '평방뺄 목'

이라고 한다. 평방은 장식이 거의 사용되지 않는 매우 소박한 부재이며 폭이 넓기 때문에 주두가 잘 보이지 않아 다른 형식의 건물에 비해서는 주두의 굽이나 운두를 높게 만든다.

3.10. 주두, 소로, 첨차, 살미

대개 공포는 주두와 첨차, 살미 및 소로로 이루어지지만 간단한 공포에는 기둥위에 받침목 하나만 올려 도리를 받는 경우와 받침목 밑에 주두하나를 더 받치는 경우도 있다. 이 받침목은 후에 첨차로 발전한다. 공포가 복잡해지면서 첨차가 이중삼중으로 놓이고 그 사이에 소로를 끼우며 처마를 많이 빼기 위해 출목을 두게 되면 첨차와 직각으로 짜이는 살미가 첨부되는 형식으로 발전해 갔다.

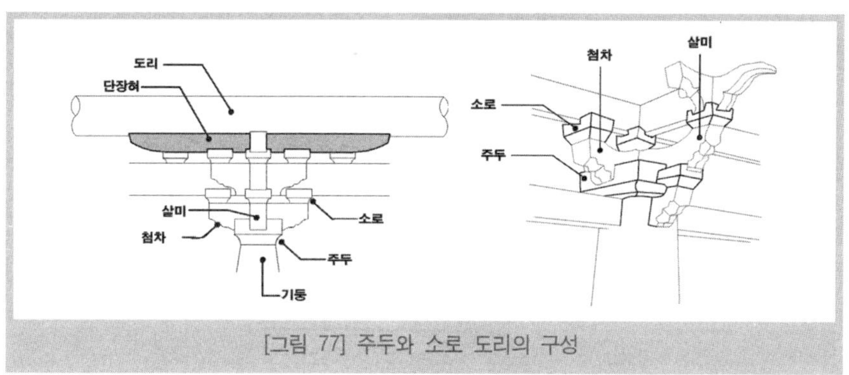

[그림 77] 주두와 소로 도리의 구성

주심포형식은 기둥상부에만 포를 배치하는 형식으로 1출목형이 많고 고려시대 이전의 건축에서 주로 사용되었으며 조선시대 초까지 이어진다.

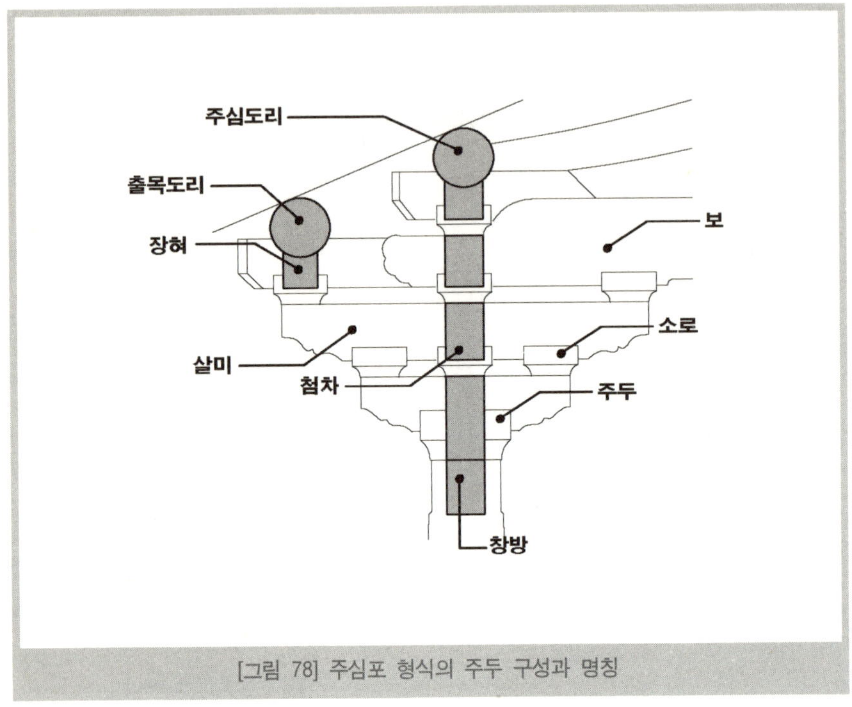

[그림 78] 주심포 형식의 주두 구성과 명칭

[그림 79] 강릉 객사문 출목도리

　다포형식은 주간에도 포가 배치되는 형식으로 고려말부터 나타나 조선시대에 주로 이용되었다. 조선중기 이후에는 살미부재의 장식화 경향을 볼 수 있다.

　익공형식은 초익공과 이익공형식이 있는데 초익공은 모두 무출목형식이지만 이익공은 출목이 있는 경우도 있다. 익공형식은 동양삼국 중에서도 한국에서만 볼 수 있는 독창적인 것으로 기둥 상부에만 포를 배치하는 주심포 계열이지만 첨차보다는 살미가 강조된 간단하면서도 튼튼한 경제적인 공포형식이다.

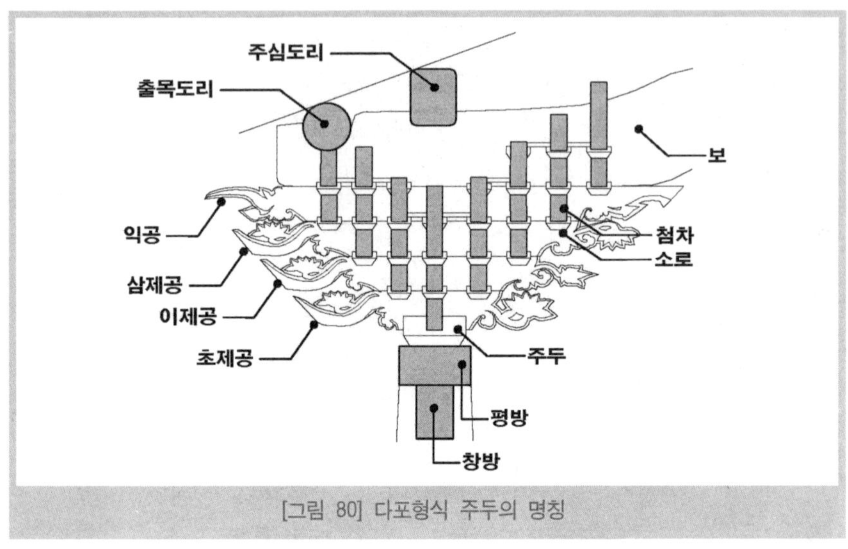

[그림 80] 다포형식 주두의 명칭

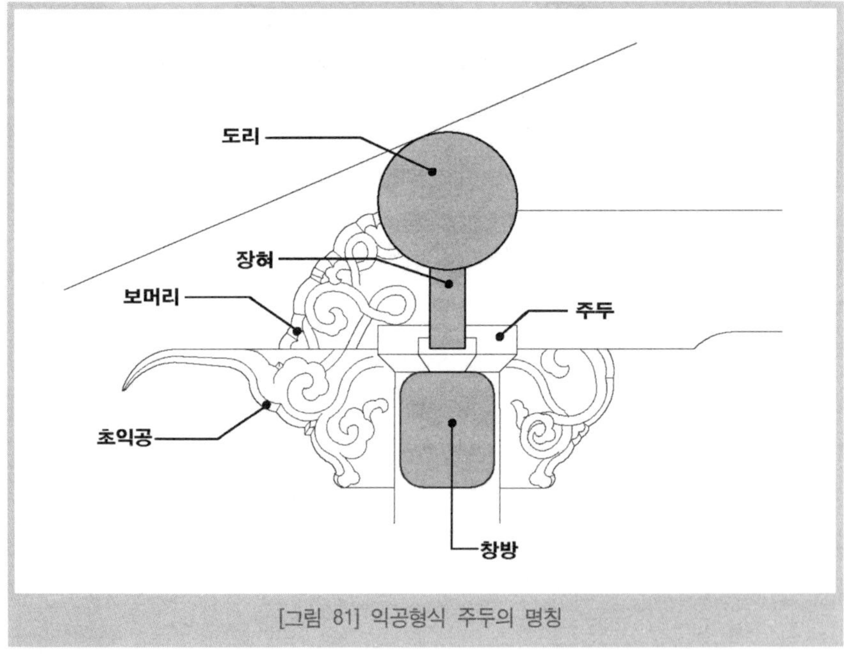

[그림 81] 익공형식 주두의 명칭

  첨차와 살미는 받을장과 엎을장으로 서로 맞춤되는 공포의 가장 중요
한 부재이다. 첨차는 도리방향 부재이며 살미는 보방향부재이다. 첨차는
시기에 따라서 그 모양이 조금씩 다르며 고려시대 초기까지는 첨차와 살
미의 모양이 같았었던 것으로 추정되나 고려 중기 이후에는 살미가 장식
화 하였다. 살미는 모양과 위치에 따라 제공, 익공, 운공으로 세분된다.

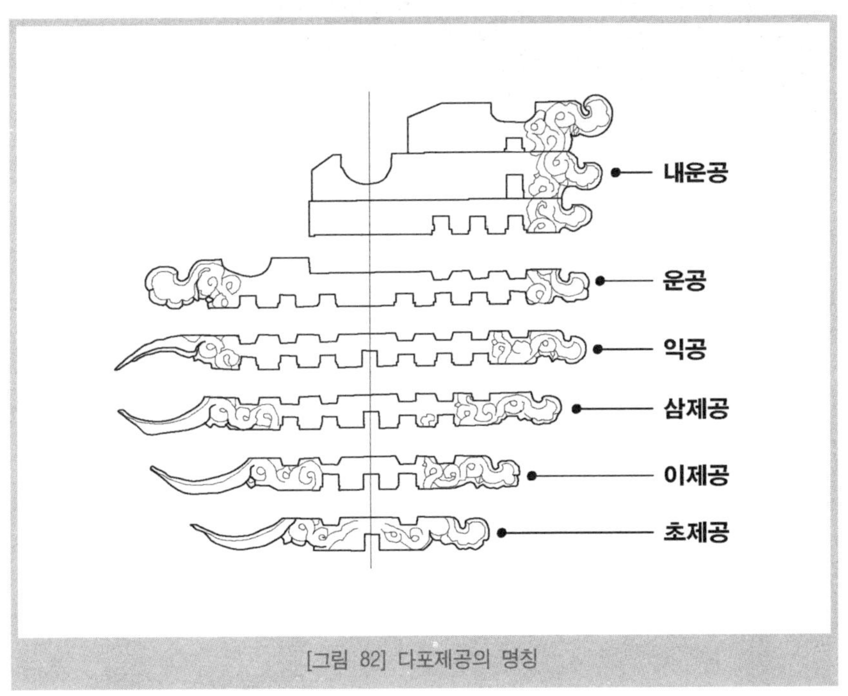

[그림 82] 다포제공의 명칭

[그림 83] 율곡사 대웅전의 공포 제공

화반은 주심포와 익공형식에서 간포를 대신해 창방위에 놓여 도리를 받치고 있는 부재이다. 화반은 그 모양에 따라 동자형화반, 인자형화반, 복화반, 파련화반, 제형화반, 방형화반, 원형화반, 동물형화반 등으로 다양하다.

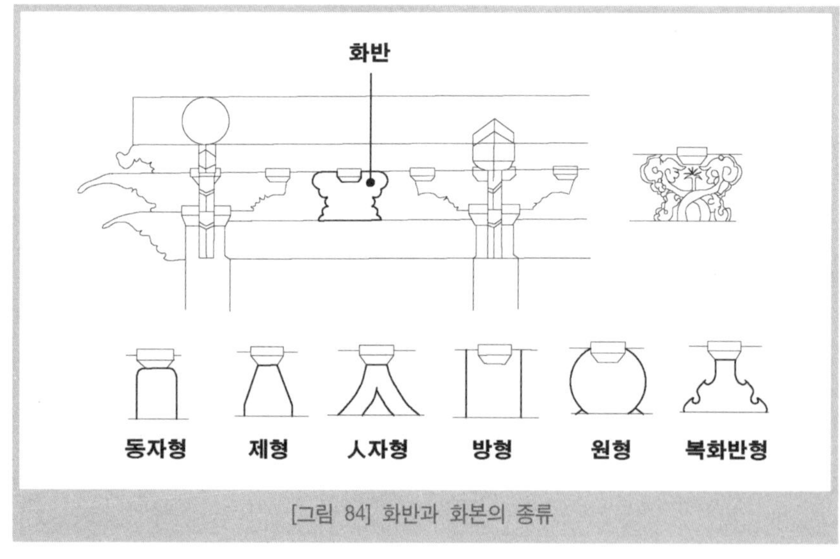

[그림 84] 화반과 화본의 종류

[그림 85]
강릉 칠사당 화반

3.11. 선자연

서까래는 지붕곡선에 따라 자연스럽게 굽은 부재를 사용하며 말구 부분에서는 그 단면을 줄여 훑쳐준다. 그리고 말구는 직절하지 않고 사절한다. 서까래는 추녀부분에서는 부채살처럼 거는데 이를 선자연이라고 한다. 이와는 달리 추녀 옆쪽 서까래도 평연과 똑같이 나란히 거는 경우가 있는데, 이를 평연이라고 한다. 선자연과 평연의 중간형식으로 선자연의 뒷뿌리가 하나의 꼭지점에서 모이지 않고 추녀 옆에 엇비슷하게 붙는 경우를 마족연이라고 한다.

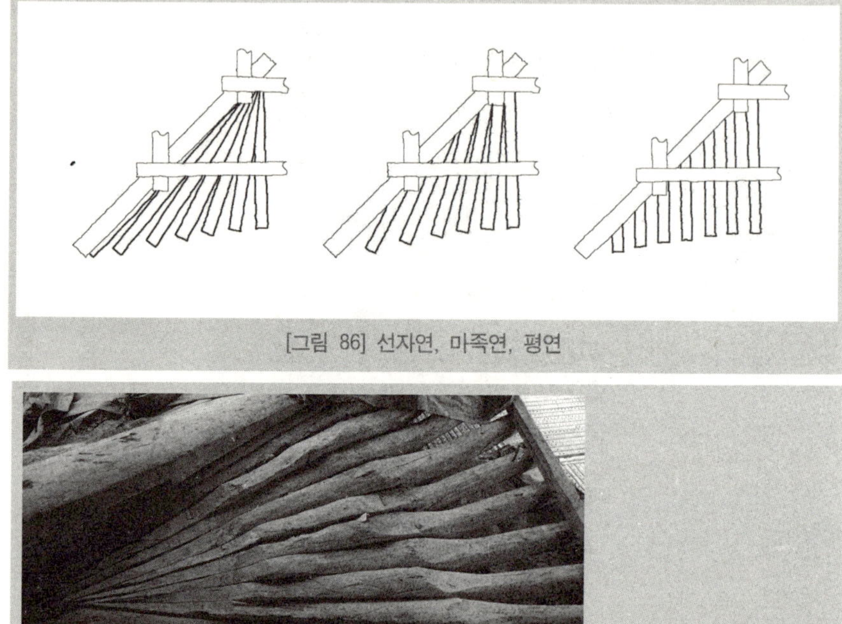

[그림 86] 선자연, 마족연, 평연

[그림 87]
서울 동묘의 선자서까래

3.12. 벽체

벽체는 토축벽, 심벽, 판벽 등으로 나뉜다. 토축벽은 민가의 부속채나 헛간채 등에 사용되는 경우가 많은데 흙에 잔자갈을 섞어 쌓아올리거나 강회를 섞어 판축하거나 흙벽돌을 이용해 쌓는다.

심벽은 비내력벽이 일반적이며 외부 마감을 강회로 한 것이 많다. 대개 벽선과 상인방, 중인방, 하인방이 외곽틀을 이루고 인방재 사이에 세로로 선외를 대고 가로로 늘외를 새끼줄로 엮어 고정시킨 다음 이것을 뼈대 삼아 회를 발라 마감한 벽체이다.

판벽은 판재를 세로로 쪽매이음하여 대고 외곽과 중간에 띠장목을 대서 고정한 벽체를 말한다. 판벽은 폭넓게 이용되었는데 온돌칸 보다는 마루칸이나 광칸, 부엌칸 등 난방이 없는 실이나 부속채에서 많이 사용되었다.

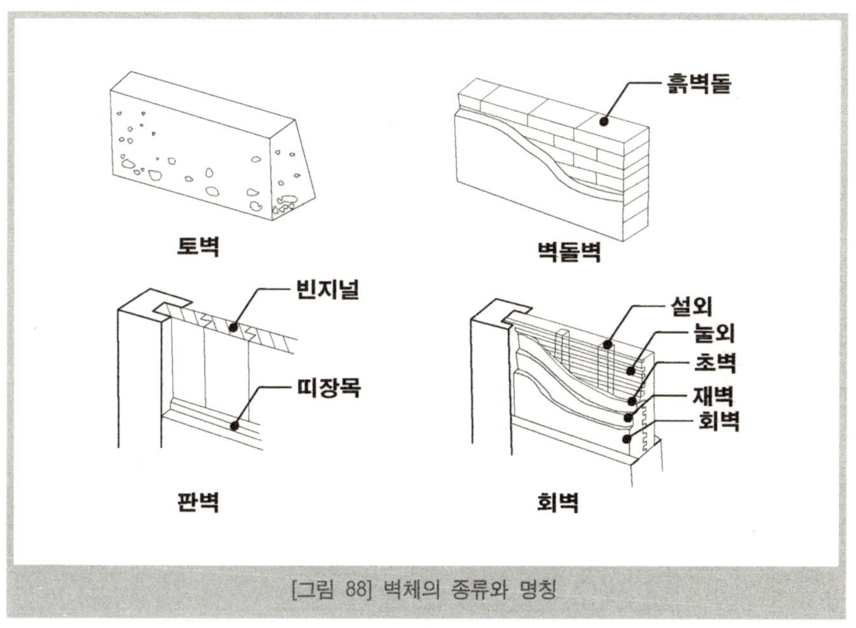

[그림 88] 벽체의 종류와 명칭

3.13. 마루

마루는 판재를 깔아 마감한 바닥을 말한다. 한자로 표기 할 때는 廳 또는 床이라고 한다. 마루방은 바닥에 마루널을 깐 방, 안방과 건넌방 사이에 마루를 깐 방이다. 뒷마루는 마루는 방의 뒤쪽에 달린 마룻간을 말하며 가퇴는 처마 밑에 달아내서 꾸민 툇간, 건물 바깥에 꾸민 툇마루를 말한다. 건물 바깥에 달아붙인 좁은 마루인 것이다.

마루방 抹樓房	① 바닥에 마루널을 깐 방. 안방과 건넌방 사이에 마루를 깐 방. 대청마루(大廳抹樓). ② 널을 깔아 놓은 방. 사방을 벽이나 창문으로 막 놓은 간.
어간마루 御間抹樓	방과 방 사이에 있는 마루방.
사면퇴 四面退	한 건물의 전후 좌우에 딸린 퇴.
전후퇴 前後退	한 건물의 앞뒤에만 퇴를 단 것. 또 그 툇간.
전후툇간	전후퇴 前後退
사우간 四隅間	전후 좌우에 퇴가 달린 집의 네 모서리에 있는 툇간.
단간마루 單間抹樓	한 칸 크기로 된 마루방.
뒷마루 後抹樓	방의 뒤쪽에 달린 마룻간.
가퇴 假退	① 처마 밑에 달아내서 꾸민 툇간. 한데툇간. ② 건물 바깥에 꾸민 툇마루. 한데퇴. 한데툇마루(- 退抹樓). 건물 바깥에 달아붙인 좁은 마루. 바깥툇마루.
안툇마루 內退抹樓	건물 안쪽에 본시 꾸민 반간 정도의 툇마룻간.

구성방식에 따라 우물마루와 장마루로 구분한다. 우물마루는 기둥과 기둥사이에 장귀틀을 건너지르고 장귀틀 사이에는 동귀틀을 댄다음 동귀틀 사이에 마루청판을 끼워 마감한 마루이다. 한국에서 가장 널리 사용되고 있는 마루로 계절의 변화에 따른 수축과 팽창에 적응력이 뛰어난 마루유형이다. 장마루는 귀틀 위에 긴 판재를 쪽매이음하여 깐 마루유형이다.

한국에서는 현재 보기 어려운 마루유형이나 고대에서 많이 이용되었을 것으로 추정된다. 마루는 또 기능과 위치에 따라 누마루, 대청마루, 툇마루, 쪽마루, 들마루 등으로 불린다.

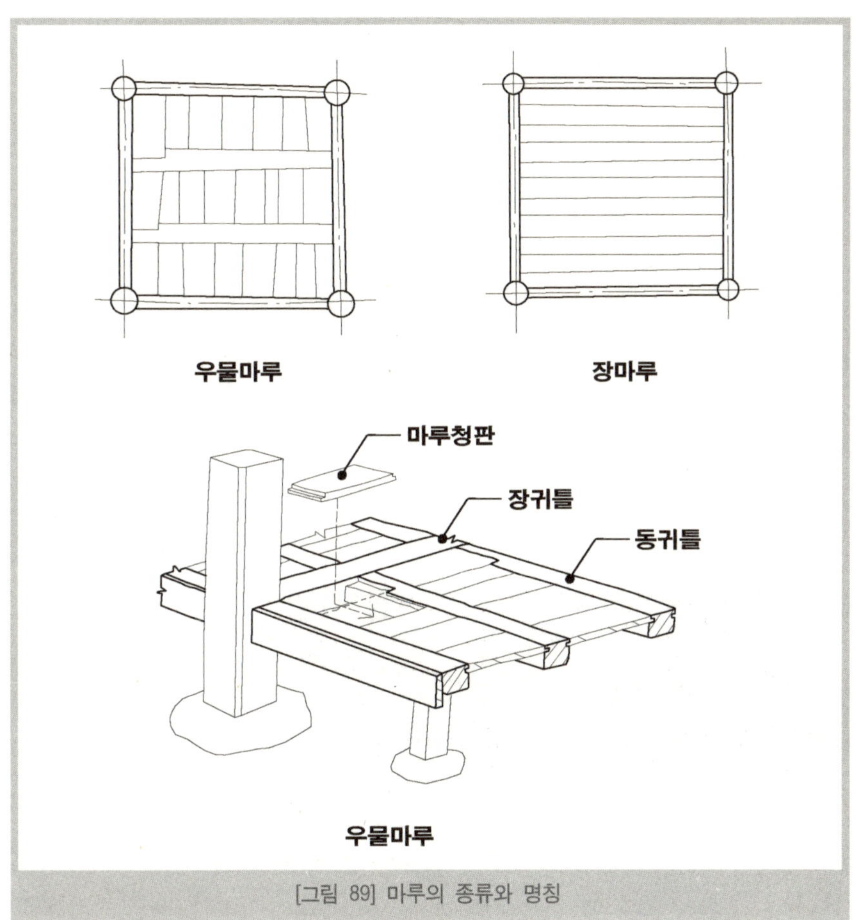

[그림 89] 마루의 종류와 명칭

3.14. 아궁이와 온돌

온돌은 크게 불을 때는 아궁이와 난방면인 구들, 연기를 배출시키는 굴뚝으로 구성된다. 이중에서 아궁이는 불을 지피기 위한 시설로서 취사를

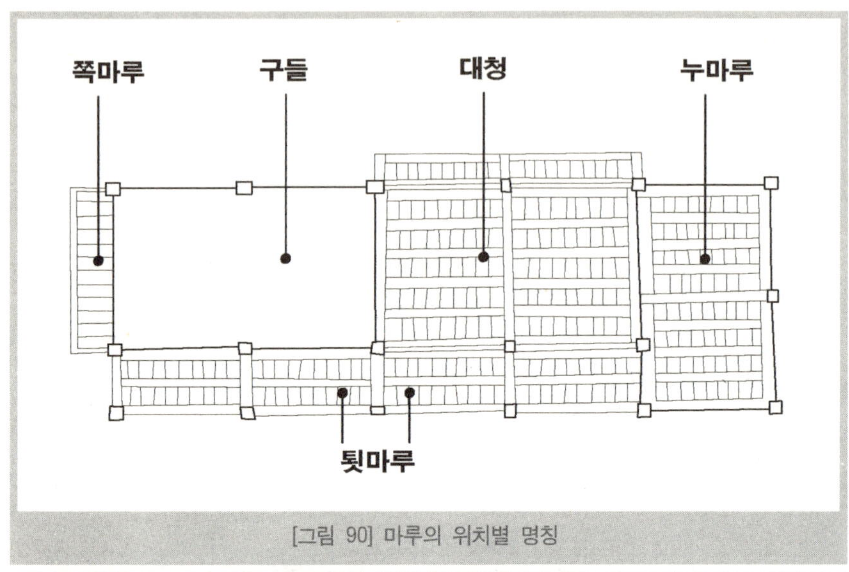

[그림 90] 마루의 위치별 명칭

[그림 91]
홍성 길성 동헌의
대청마루

겸할 때에는 아궁이 위에 가마솥을 걸 수 있도록 시설하며 가마솥 주변으로는 부뚜막을 만들어 조리공간으로 사용한다. 아궁쇠는 불아궁이에 대는 뚜껑이 달린 철물이고 재거르게는 불아궁이의 밑부분에 걸쳐 대어 연료가 탄 재를 밑으로 걸러 내는 철물을 말한다. 화격자는 석탄 등을 연소시키기 위하여 노흉(爐胸) 바닥에 배열한 주철봉으로 그 위에 연도를 넣고 밑에서 공기를 보내어 연소시키는 장치를 말한다.

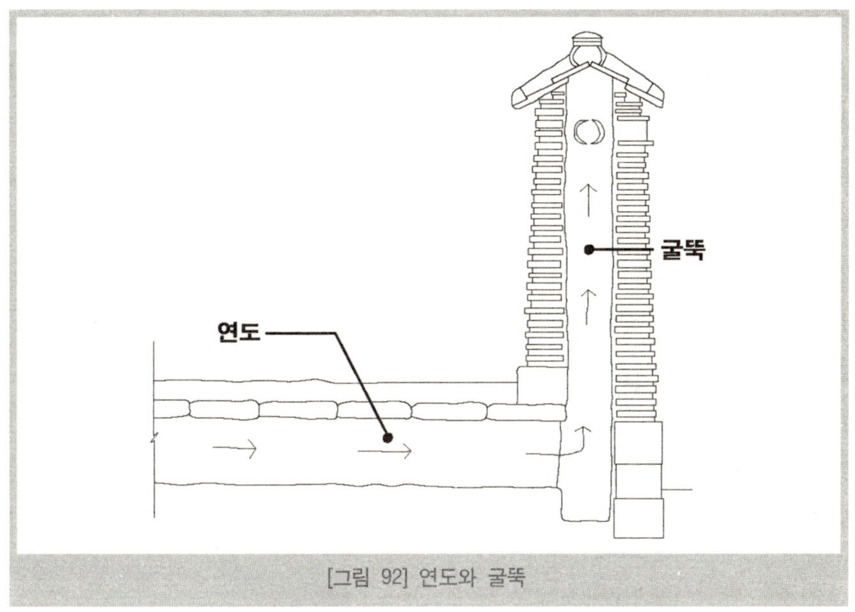

[그림 92] 연도와 굴뚝

구들자리의 바닥은 아궁이로부터 윗목으로 갈수록 약간씩 높아지도록 하는데 이를 '고래바닥'이라고 한다. 그리고 아궁이와 고래바닥의 경계와 윗목의 '개자리'와 고래바닥의 경계는 약간 높여 둑을 쌓는데 이를 '부넘기'라고 한다.

이렇게 고래바닥이 만들어지면 일정한 간격으로 '고래둑'을 쌓는데 고래둑에 의하여 생기는 골을 '고래'라고 한다.

구들장은 얇은 편마암계통의 돌을 사용하며 아궁이에서 불이 집중적으로 들어오는 아랫목에는 이중으로 구들장을 놓거나 두꺼운 구들장을 놓는데 이를 '불목돌'이라고 한다. 구들의 외곽이나 윗목 쪽에는 깊은 골을 파는데 이를 '개자리'라 하며 개자리는 연기가 식으면서 떨어뜨리는 불순물을 모으는 역할을 한다. 개자리를 통해서 모아진 연기는 연도를 통해 굴뚝으로 연결되어 빠져나간다.

아궁쇠 火口鐵物	불아궁이에 대는 뚜껑이 달린 철물. 아궁철물. 불아궁문.
아궁문 火口門	불아궁이나 재아궁이에 대는 뚜껑이 달린 철물. 아궁쇠.
재거르개	불아궁이의 밑부분에 걸쳐 대어 연료가 탄 재를 밑으로 걸러 내는 철물. 한 가래씩으로 된 것과 발처럼 된 것이 있음.
발재거르개	발이나 석쇠처럼 한 판으로 만든 재거르개.
가래재거르개	한 가래씩으로 만들어 여러 개를 배열하는 재거르개. 화격자.
화격자 火格子	석탄 등을 연소시키기 위하여 노흉(爐胸) 바닥에 배열한 주철봉. 그 위에 연도를 넣고 밑에서 공기를 보내어 연소시키는 장치. 재거르개의 한 가지. 가래재거르개.

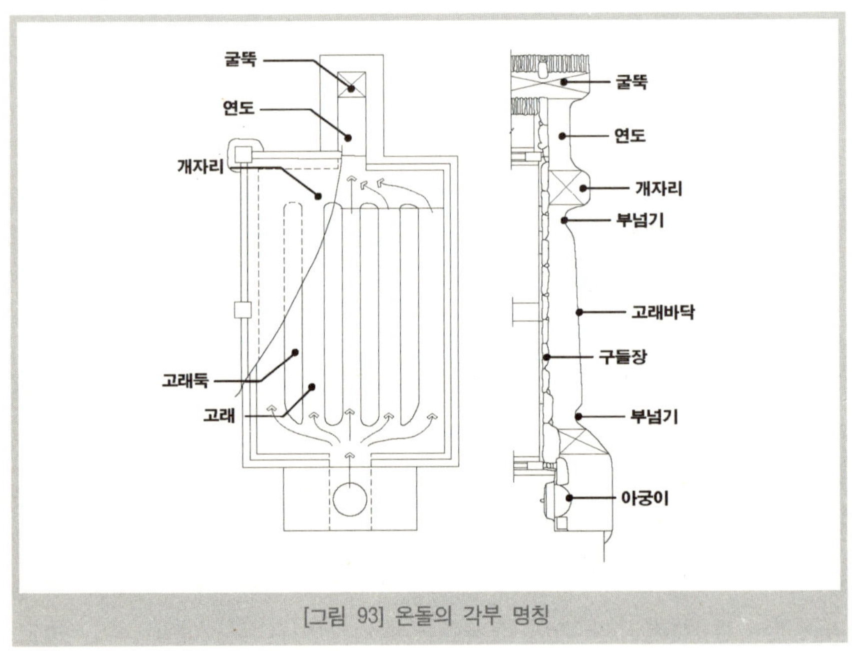

[그림 93] 온돌의 각부 명칭

[그림 94] 부엌과 아궁이

4. 목조 시공

4.1. 그렝이

건축의 초기 과정으로 터를 잡은 후 지반을 다지고 기초를 닦은 후 주춧돌을 놓는다. 이것이 초석이다. 초석위에 기둥을 세우는데 기둥이 똑바로 서지 않으면 안 된다. 기둥을 주춧돌 위에 똑바로 세우기 위해서 다음과 같이 한다.

초석과 기둥 밑면이 밀착되어 있지 않기 때문에 손을 떼면 기둥은 다시 기운다. 따라서 다림보기해서 수직으로 세운 기둥이 기울지 않도록 초석과 기둥을 밀착시켜주는 작업이 필요한데 이를 '그렝이'라고 한다. 결과적으로 그렝이는 기둥 밑면을 초석 모양대로 깎아내는 것이다. 그렝이라는 작업은 기둥에서만 생기는 것이 아니고 석축을 쌓을 때 돌끼리 이를 맞추기 위해서도 필요하다. 또 배흘림기둥에 벽선을 세울 때 배흘림 곡에 맞추어 벽선에 그렝이를 떠 맞추게 된다.

또 도리에 추녀를 얹을 때도 추녀 모양에 맞춰 도리에 그렝이를 뜬다.

이처럼 그렝이란 별개의 두 부재가 만날 때 그 모양을 맞춰주는 작업을 말한다. 또 그렝이하는 일련의 작업을 '그렝이질'이라고 하며 그렝이질을 하기 위해서는 '그렝이칼'이 필요하다.

그렝이칼은 컴퍼스처럼 생겼는데 한쪽은 먹을 찍어 선을 그릴 수 있도록 되어 있고 한쪽은 초석 높낮이에 따라 상하로 오르내리면서 기둥 밑면에 초석모양을 그려나간다.

그렝이선이 그려지고 나면 기둥을 뉘어 그렝이 선에 따라 기둥 밑을 끌로 따낸다. 그런 후에 다시 기둥을 세우면 초석과 기둥이 밀착하게 된다.

그렝이를 뜨기 위해서 기둥은 실제보다 약간 긴 것을 사용한다. 설치된 초석 중에서 가장 높은 초석이 그렝이 기준선이 되며 초석이 낮을수록 그렝이 기준선과 초석 윗면 사이의 편차는 커진다. 이처럼 그렝이 기준선과 초석 윗면과의 거리를 '그레발'이라고 하며 보통 그레발은 두 치가 넘지 않는 것이 작업에 편리하다.

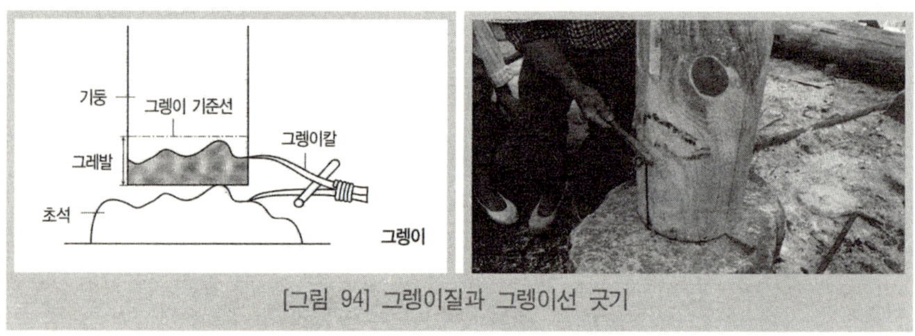

[그림 94] 그렝이질과 그렝이선 긋기

4.2. 기둥세우기

기둥세우기는 전술한 바와 같이 초석위에 기울지 않도록 세우는 것이 중요하다. 이를 위해서 그렝이질을 하며 초석을 다듬기도 한다. 또 다림보기를 하여 똑바로 서도록 한다. 그러나 기둥은 모두 똑바로 서야 하는 것은 아니다. 귀솟음과 안쏠림을 하는 기둥은 안쪽으로 기울려 세운다.

 우리나라의 건축은 가운데 기둥에서 양측면 기둥으로 갈수록 기둥 높이가 약간씩 높아진다. 이처럼 기둥이 귀로 갈수록 솟았다고 하여 '귀솟음'이라고 한다. 귀솟음을 하지 않고 수평으로 하면 양쪽 어깨가 처져 보이는 착시현상 이 발생한다. 따라서 귀솟음은 착시현상을 없애주기 위한 기법이라고 할 수 있다. 고대 건축에서부터 사용된 것으로 추정되며 귀솟음을 하면 기둥머리에 걸리는 창방 등의 높이를 조정해주거나 기둥 위에 놓이는 공포 등의 부재를 매우 미세하게 치수를 조정해주어야 하는 어려움이 있다. 따라서 귀솟음은 세련된 장인의 솜씨를 엿볼 수 있는 것으로 고도의 기술을 요한다. 기둥은 또 기둥머리를 건물 안쪽으로 약간씩 기울여준다. 이를 기둥이 안쪽으로 쏠렸다고 해서 '안쏠림'이라고 한다. 귀솟음과 안쏠림은 시각적인 안정감을 줌과 동시에 하중을 가장 많이 받는 귓기둥을 높여줌으로써 구조적인 안정감도 준다. 안쏠림을 '오금'이라고도 한다.

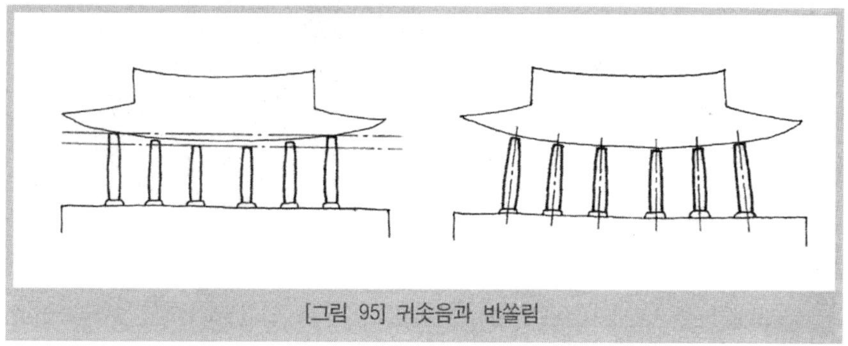

[그림 95] 귀솟음과 반쏠림

4.3. 다림보기

 기둥을 초석 위에 세우고 전면과 측면에서 추를 내려뜨려 기둥에 처 놓

[그림 96] 기둥세우기

[그림 97] 다림보기

은 중심 먹선과 추선이 일치하도록 한다. 이 두 선이 일치하면 기둥은 전후와 좌우에서 수직으로 선 것이다. 이렇게 기둥을 전후좌우 수직으로 세우는 일련의 작업을 다림보기라고 한다.

4.4. 사개통

사개통은 기둥위에 보나 도리가 사방에서 맞춰지도록 따낸 자리를 말한다. 사개란 기둥 위뿐만 아니라 여러 갈래 장부나 촉이 한자리에 짜여지는 것을 말하며 '사파수'라고도 하다.

[그림 98] 사개통

4.5. 툇보

퇴칸에 걸리는 보를 툇보(退樑)라고 한다. 전퇴가 있는 일고주오량집에서는 고주와 전면 평주 사이에는 툇보가 걸리고 고주와 후면 평주 사이에는 대들 보가 걸린다. 툇보는 대들보에 비해 길이는 반 이하이며 단면도 약간 작다. 그러나 걸리는 높이는 같다. 이고주칠가에서는 앞뒤로 퇴칸이 생기기 때문에 내부 고주와 고주는 대들보로 연결하고 전후퇴는 툇보로 연결한다. 이때는 대들보와 툇보는 높이차가 생기는 것이 일반적이다.

4.6. 굴도리

도리는 기둥의 가장 위에 놓이는 부재로 서까래를 받는다. 가구구조를 표현하는 기준이 되며 도리의 높낮이에 따라 지붕물매가 결정된다. 지붕의 하중이 최초로 전해지는 곳이 도리이며 도리에 전해진 하중은 보와 기둥으로 전달된다. 도리는 어떤 형식의 건물에도 존재하는 부재이며 그 단면형상에 따라 원형도리를 '굴도리'라고 부르고 방형도리를 '납도리'라고 부른다. 조선시대에는 천원지방(天圓地方)의 사상이 있어서 원을 양성으로 남성에, 방을 음성으로 여성에 비유하기도 했다. 그래서 창덕궁 연경당의 경우에는 내행랑채의 남성이 드나드는 문에는 굴도리를 사용했고, 여성이 드나드는 문에는 납도리를 쓴 실례도 있다. 도리는 또 위치에 따라서도 명칭 이 달라진다. 가장 높은 곳인 용마루에 놓이는 도리를 종도리라(마루도리)라고 하고, 건물외곽의 외진평주 위에 놓이는 도리를 주심도리, 또는 처마도리라고 한다. 3량집에서는 주심도리와 종도리만 있으면 되지만 5량집인 경우에는 주심도리와 종도리 중간에 하나의 도리가 더 걸리게 된다. 이것을 가운데 있다고 하여 중도리라고 한다. 7량집에서는 중도리 위아래로 도리가 하나씩 더 놓이는데 이때는 중도리를 기준으로 위에 것을 상중도리, 밑에 것을 하중도리라고 한다. 포작계열의 집에서는 출목이 생기므로 출목 위에도 도리가 올라간다. 때로는 주심열의 도리를 생략하고 출목 위에만 도리를 두는 경우도 있다. 이렇게 출목 위에 놓이는 도리를 출목도리라고 하고 내외로 출목이 있을 경우에는 이를 구분하여 외출목도리를 외목도리, 내출목도리를 내목도리라고 한다.

[그림 101] 굴도리

[그림 102] 굴도리 얹기

4.7. 보

보는 건축을 구성하는 구조 부재중 가장 중요한 것 중에 하나이다. 특히 수평 부재 중에 제일 중요한 부재이다. 이는 상부로부터 내려오는 하중을 아래로 전달할 뿐만 아니라 수평으로 나누어 전달하기 때문이기도 하다. 그 형태에 따라 건물의 미적 감각이 정해지기도 한다.

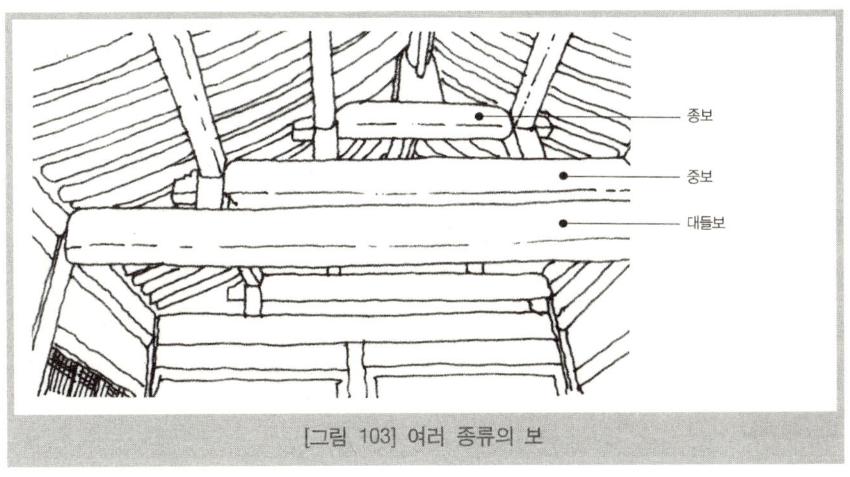

[그림 103] 여러 종류의 보

보통 건물의 앞뒤 기둥을 연결하는 수평구조부재를 말한다. 서까래와

도리를 타고 내려온 지붕의 하중
은 최종적으로 보를 통해 기둥에
전달된다. 보는 그 위치와 쓰임에
따라 부르는 명칭이 다양하며, 또
구조가 복잡해질수록 한 건물에도
여러 가지 보가 사용된다. 가장 간
단한 3량집의 경우에는 앞뒤 기둥
을 연결하는 보 하나면 된다. 보가

[그림 104] 보얹기

이렇게 하나 있을 때는 그냥 보라고만 지칭해도 된다. 보의 사용은 가구
법에 따라 달라진다. 2평주 5량집에서는 일단 앞뒤 기둥을 연결하는 보가
있는데 이를 대들보라고 한다. 대들보 위에서는 양쪽에서 약 1/ 4지점에
동자주를 세우고 동자주를 연결하는 보를 얹는다. 이것을 종보라고 하며
높은 데 있다고 하여 마루보라고 한다. 종보 위에는 중앙에 동자주를 세
우고 종도리를 올린다. 2평주 5량집이라면 대들보와 종보로써 가구가 형
성된다. 7량집인 경우에는 보가 3층으로 걸리는 경우가 있다. 이때 제일
밑에 있는 것을 대들보라고 하고, 중간의 것을 중보라고 하며, 제일 위에
것을 종보라고 한다. 맞보는 3평주집에서 나타난다. 3평주집은 거의 없기
때문에 맞보는 보기 어렵다. 3평주집은 가운데 기둥에서 대들보가 서로
만나기 때문에 맞보라고 한다.

　이처럼 건물의 구조형태에 따라 다양한 보의 종류가 있다. 따라서 보를
설명하기는 간단하지 않으며 본 연구를 진행하면서 차례로 설명해 나갈
것이다.

4.8. 서까래

서까래(椽木)는 지붕을 만드는 가장 중요한 부재이다. 서까래는 그 쓰임과 위치에 따라 여러 가지로 분류된다. 3량집인 경우에는 종도리에서 주심도리까지 하나의 서까래로 걸지만 5량집인 경우에는 중도리에서 서까래가 이어진다. 이때 종도리에서 중도리까지는 짧은 서까래가 걸리는데 이를 '단연(短椽)'이라고 하고, 중도리에서 주심도리에 걸리는 서까래는 처마의 깊이 때문에 매우 긴 서까래가 걸리는데 이를 '장연(長椽)'이라고 부른다. 또 지붕 중간에서는 서까래가 나란히 걸리지만 추녀를 중심으로 양쪽으로는 부채 살처럼 방사선으로 서까래가 걸린다. 이를 부채 살 모양이라고 하여 '선자연(扇子椽)'이라고 한다. 서까래를 모두 평행하게 건 것을 '평연(平椽)' 또는 '나란히서까래'라고 부른다.

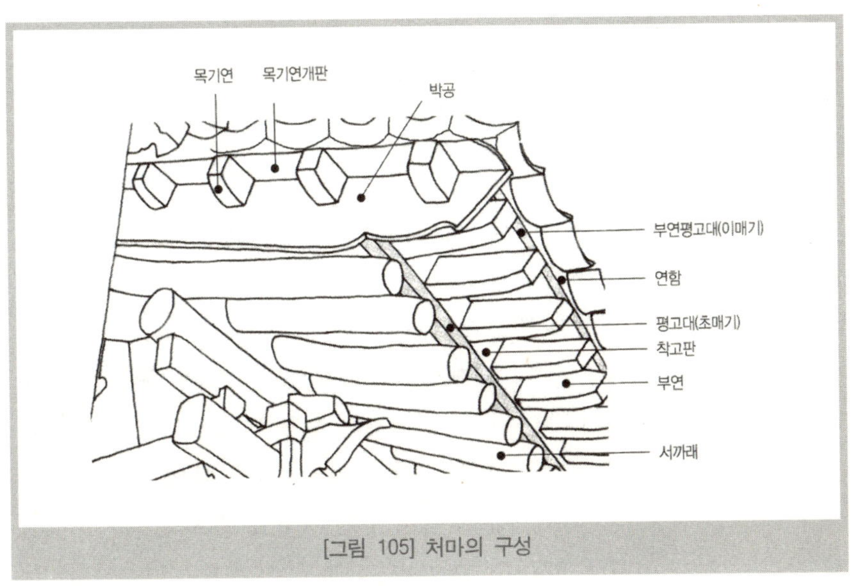

[그림 105] 처마의 구성

[그림 106] 서까래 공사

4.9. 추녀

추녀(春舌)는 건물 모서리에 450방향으로 걸리는 방형 단면의 부재이다.
평고대를 걸고 지붕가구를 만들 때 가장 먼저 거는 것이 추녀이다. 추녀
는 맞배지붕에는 생기지 않는다. 추녀의 안쪽 끝은 중도리 모서리에 올라
앉으며 주심도리가 지렛대 역할을 해서 균형을 잡는다. 주심도리 모서리
에 추녀를 맞추기 위해서는 그랭이를 뜬다. 추녀가 밖으로 빠져 나오는
깊이는 처마깊이에 달려 있다. 보통 처마보다 2~4치(6~12cm) 정도 더 빼는
것이 일반적이다. 추녀의 단면은 정확한 방형이라기 보다는 폭보다는 높
이가 약간 더 높고 역사다리꼴로 다듬어진다. 그리고 추녀 말구는 직각으
로 자르는 것이 아니라 약간 빗 자른다. 이것은 서까래도 마찬가지인데
건물을 올려다 볼 때 옆으로 퍼져 보이는 착지현상을 겨정하기 위한 방법
이다. 또 추녀는 말구 쪽으로 갈수록 밑면의 살을 걷어서 날씬하게 하고

골뱅이 조각을 하는데 이것 역시 둔탁해 보이는 것을 없애서 추녀가 날씬하고 역동적으로 보이게 하는 효과가 있다. 홑처마인 경우에는 추녀 하나면 되지만 부연이 걸리는 겹처마인 경우에는 부연길이만한 짧은 추녀가 하나 더 올라가는데 이것을 사래(蛇羅)라고 한다. 사래는 추녀와 같이 생겼으며 추녀 위에 올라간다.

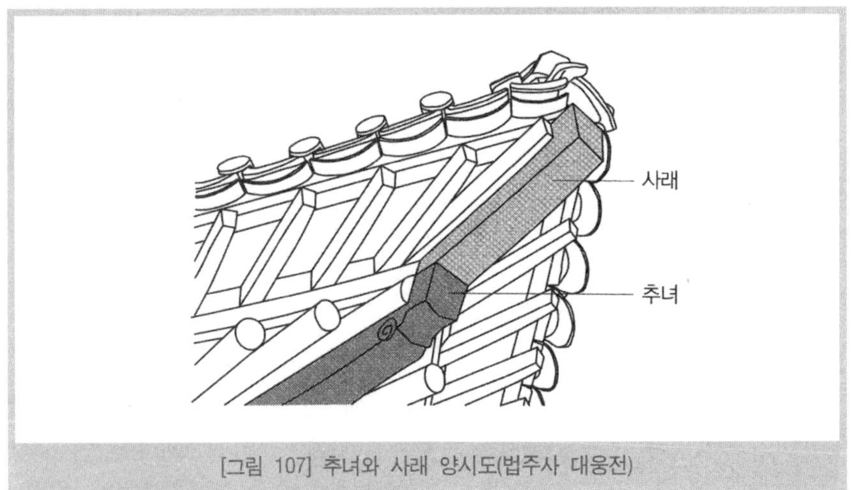

[그림 107] 추녀와 사래 양시도(법주사 대웅전)

[그림 108] 추녀목깍기와 시공

4.10. 귀첨차

귀첨차는 귓기둥위에 올라가는 첨차를 이르는 말이다.

첨차(檐遮)는 살미와 십자로 짜여지는 도리 방향 공포부재를 통칭하여 부르는 명칭이다. 첨차(添差)라고도 표기한다. 첨차는 주심 선상에도 있지만 포작계열의 출목이 있는 공포에서는 출목 선상에도 첨차가 놓인다. 이들은 위치에 따라서 주심첨차(柱心檐遮)와 출목첨차(出木檐遮)로 구분하여 부른다. 또 크기에 따라서는 대첨차(大檐遮)와 소첨차(小檐遮)로 구분하는데 대부분 첨차는 아래 첨차가 위 첨차보다 길이가 작기 때문에 아래 첨차를 소첨차, 위에 것을 대첨차라고 한다. 출목첨차는 또다시 내출목첨차와 외출목첨차로 세분화되며 출목이 여러 개 있을 경우에는 각각 번호를 붙여 주심을 기준으로 내1출목첨차, 내2출목첨차… 로, 외1출목첨차·외2출목첨차… 로 구분한다. 여기에 대소가 합쳐져서 주심소첨·주심대첨, 내1출목소첨·내1출목대첨, 내2출목소첨·내2출목대첨…, 외1출목소첨·외1출목대첨, 외2출목소첨·외2출목대첨… 등으로 각각·부른다. 제보자 전목복목수가 소첨 대첨이라고 말하는 것을 이것들을 합쳐서 이르는 말이다.

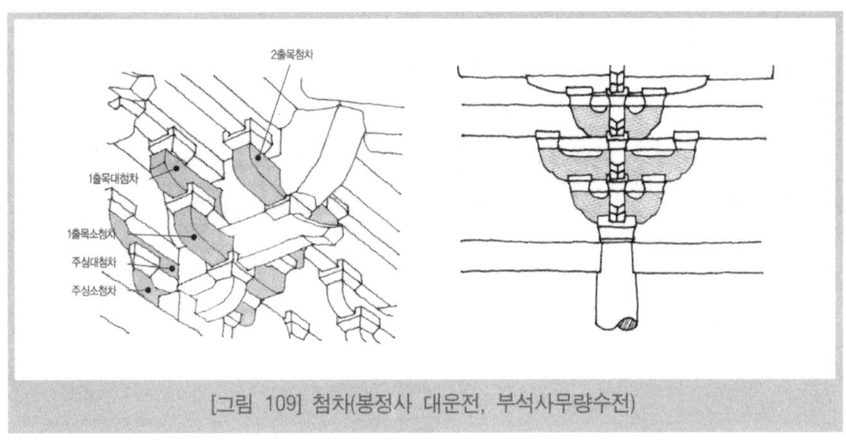

[그림 109] 첨차(봉정사 대운전, 부석사무량수전)

　행공첨차는 행공을 이르는 말로 공포에서 외목도리와 장여를 받치는
첨차를 말한다.
　헛첨차는 기둥머리를 뚫고 내밀어 소로를 얹은 위에 초제공을 받는 주
심포계의 공포재를 말한다.

[그림 110] 행공첨차

[그림 111] 헛첨차

[그림 112] 대첨차

4.11. 앙서, 양서(살미)

　제보자 전명복이 말하는 앙서, 양서는 일반적으로 말하는 살미를 말하고 있는 것이다. 살미(山彌)는 다포형식 공포의 보 방향으로 놓이는 공포 부재를 통칭하여 부르는 명칭이다. 세부적으로는 건물 바깥쪽으로 튀어나온 살미의 마구리 모양에 따라서 구분되는데 마구리가 치켜 올라가는 모양으로 만든 것을 '앙서형(仰舌形)'이라고 하고 마구리가 처져 내려온 것을 '수서형(垂舌形)'이라고 하는데 이 둘을 통칭하여 '쇠서(牛舌)'라고 하고 쇠서형으로 만들어진 살미를 '제공(齊工)'이라고 한다. 또 마구리가 새 날개 모양의 살미는 '익공(翼工)'이라고 하며, 마구리가 구름모양으로 초각된 살미는 '운공(雲工)'이라고 한다. 따라서 제보자 전명복이 사용하는 '앙서, 양서'라는 말은 살미를 말하는 것이고 살미의 치켜 올라가는 모양의 살미를 앙서라고 한다.

[그림 113] 양서

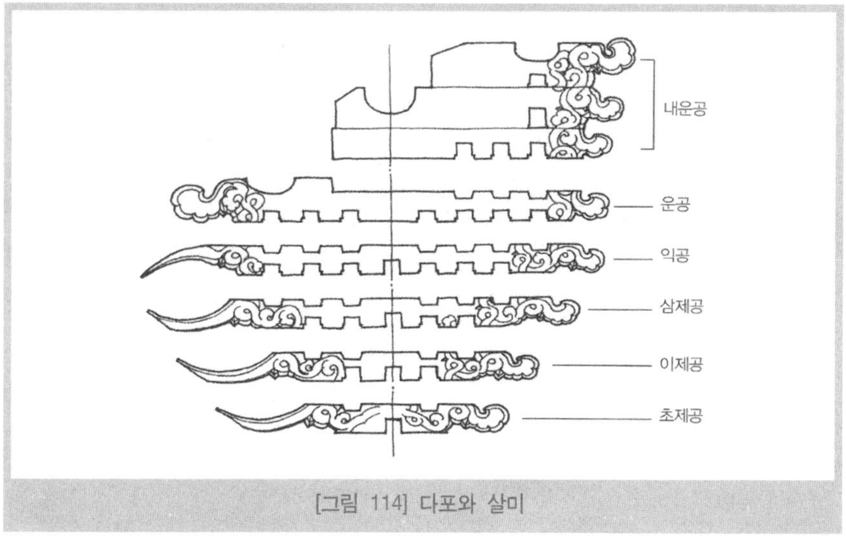

[그림 114] 다포와 살미

4.12. 제공초새김

제공은 위에서 설명한 바와 같이 쇠서형으로 만들어진 살미를 '제공(齊工)'이라고 한다. 따라서 제공을 식물의 잎이나 줄기 형태로 초각하는 것을 제공초새김이라 이른다.

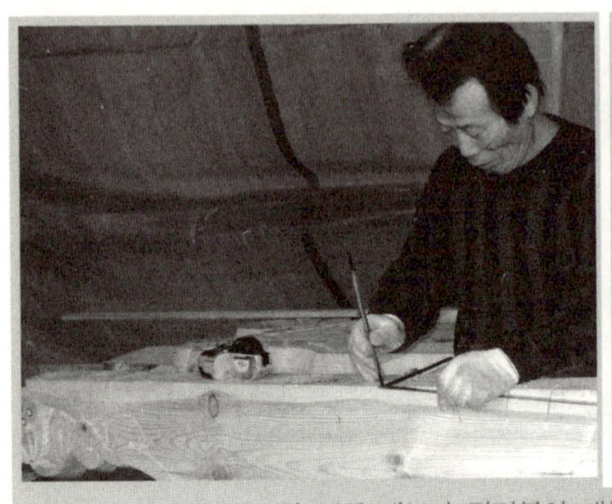

[그림 115] 제보자 전명복이 제공초새김을 하고 있다.

4.13. 주두연화

제보자 전명복이 말하는 주두연화는 연화 모양의 주두를 일컫는다.

주두(柱頭)는· 민도리집에서는 생략하며, 이 경우를 제외하고는 거의 모든 집에서 사용하는 부재이다. 공포의 가장 밑에 놓인 정방형 평면의 목침형태 부재로 기둥 위에 놓여 공포를 타고 내려온 하중을 기둥에 직접 전달하는 역할을 한다.

민도리집에서 주두가 사용될 경우에는 기둥 위에 바로 놓여 주두 위에서 보와 도리가 십자로 짜여진다. 초익공집에서는 사갈튼 기둥머리에 창방 과 익공이 짜여지고 그 위에 주두가 놓이며 주두 위에서 보와 장혀 및 도리가 십자로 짜여진다.

이익공 집에서는 사갈튼 기둥머리에서 초익공과 창방이 십자로 짜여지고 주두가 하나 더 올라가며 주두 위에서 이익공과 행공이 다시 십자로 짜여지고 그 위에서 보와 도리 및 장혀가 맞추어 지는 형태이다. 이때 주두는 초익공 위와 이익공 위에 2층으로 놓이는데 위층의 주두가 밑에 놓이는 주두보다 약간 작다.

그래서 이 둘을 구분하여 밑에 놓이는 주두를 초주두(初柱頭), 또는 '대주두(大柱頭)'라 하고 위에 놓이는 주두를 '재주두(再柱頭)', 또는 소주두(小柱頭)라고 한다.

주심포형식에서는 기둥 위에 바로 놓이며 주두 위에서 첨차와 살미가 십자로 짜여진다. 다포형식에서는 기둥 사이에도 포가 놓이므로 주심포형식에는 없는 평방이라는 넓적한 부재 위에 놓인다.

주두와 평방은 촉으로 연결하여 주두가 움직이는 것을 방지한다. 주두는 하나의 부재로 만들어지는데 입면에서 보았을 때 상하 두 부분으로 나뉜다. 윗부분은 목침형태로 윗면이 십자로 트여져서 첨차와 살미가 짜여지든지, 장혀와 보가 짜여진다. 이 부분을 운두라고 하고 밑부분은 역사다리 형태로 생겼는데 이 부분을 '굽이'라고 한다.

고구려시대의 주두에서는 주두 밑에 받침목을 하나 더 놓는 경우가 있

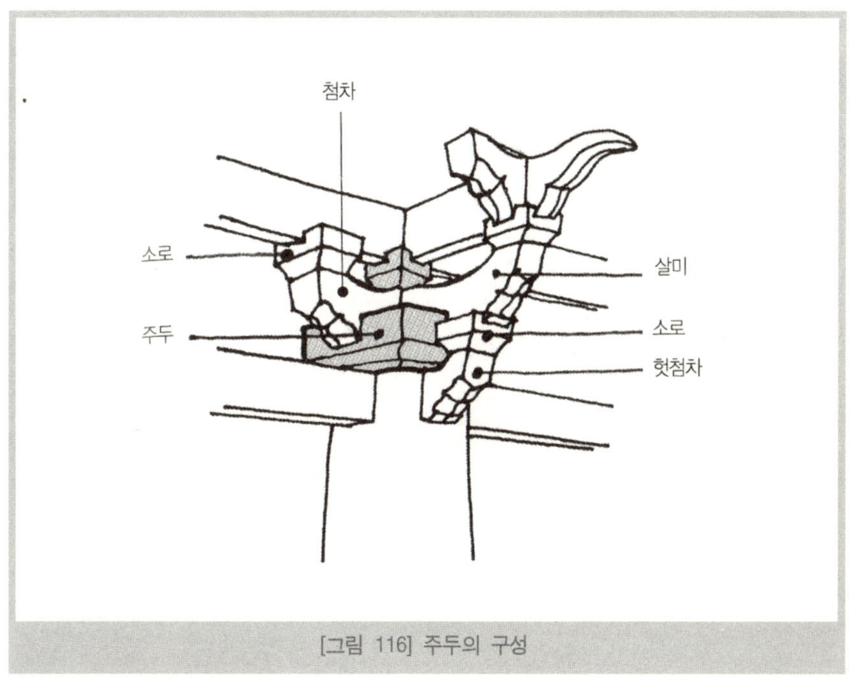

[그림 116] 주두의 구성

었는데 이를 '굽받침'이라고 한다. 고려시대에는 별도의 받침목을 놓지는 않았지만 주두 자체의 굽 밑에 굽받침의 흔적이 남아 있다.

주두와 소로는 같은 건물에서는 같은 형태로 만드는 것이 일반적이며 시대에 따라서 그 형태가 다양하다. 보편적으로 고려시대까지는 굽이 완만한 곡선이었고 조선시대 들어서는 굽이 직선으로 바뀌었다. 또 고구려시대 주두에서는 굽받침이 별도 부재로 놓이는 경우도 있었다. 그러나 통일신라 유적은 굽받침이 없으며 고려시대가 되면 별도의 굽받침은 없지만 주두자체에 굽받침의 흔적을 새겼다. 조선시대에는 굽받침이 없다.

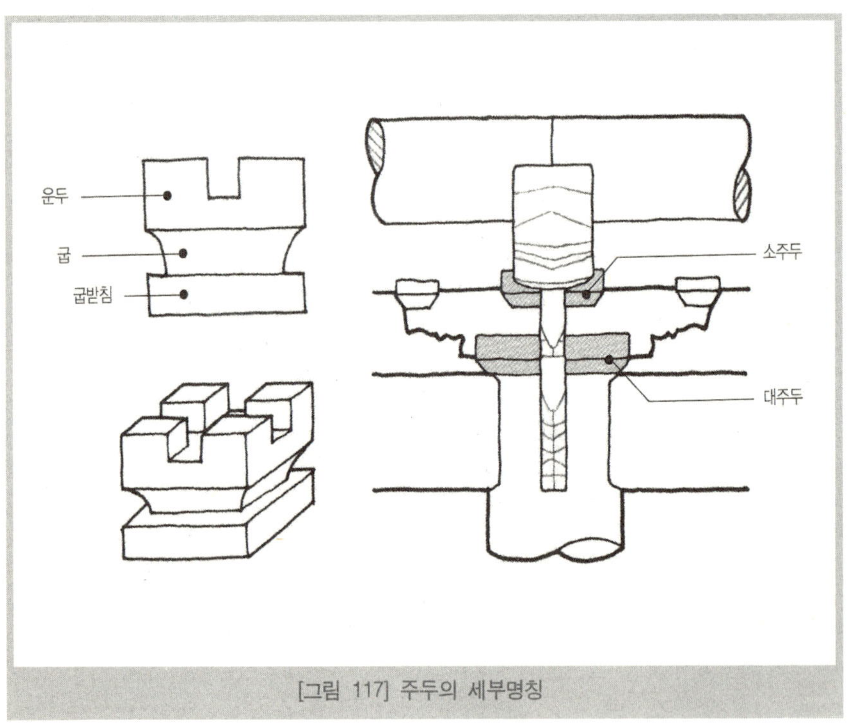

[그림 117] 주두의 세부명칭

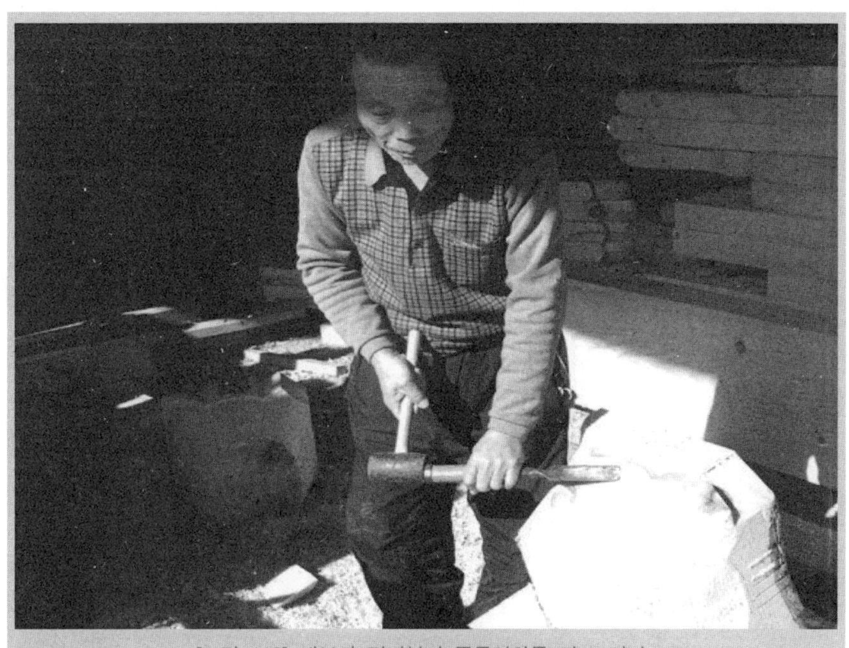

[그림 118] 제보자 전명복이 주두연화를 깎고 있다.

[그림 119] 주두연화

제3부
연구 결과

제5장 마무리

제5장 마무리

　건축물에 내재된 용어는 건축이 갖는 부재의 수만큼이나 많기 때문에 건축용어 조사는 방대한 작업이다. 그 부재 하나하나는 또 다른 명칭을 갖고 있으며 이것들은 지역에 따라, 시대에 따라 다르고 변천해 왔다. 건축물 또한 다양한 구조와 형태, 그리고 기능을 가진 것으로 분류되며 이것들 역시 그 속에 다양한 용어들을 가지고 있다. 현상으로 서 있는 건축물뿐만 아니라 그 건축을 생산하는 과정과 그 행위에 대한 용어 역시 수없이 많다. 또한 다 지어진 건축물 속에서 일어나는 행위도 생활어로서 수많은 용어를 가지고 있다. 따라서 이 같은 방대한 범주 속에서 그 용어를 발굴해 내는 것은 단순한 작업이 아니다.

　건축의 기술은 날로 발전하고 있으며 그에 따른 연장, 용구, 재료, 새로운 공간이 수없이 태어나고 있다. 그만큼 많이 잃어가고 있다는 의미이다. 결국 본 조사 사업은 국가적 사업으로 매우 중요한 의미를 가질 뿐만 아니라 풍부한 언어 사용으로 민족 문화와 국민의 언어생활에 크게 기여할 것이다.

　도편수 전명복은 우리의 전통적인 건축기술의 흐름에서 한 가운데 있으며 그가 살아온 세계에 정면으로 대응해 왔다. 그는 전통적인 건축기술을 습득하기 위해 몇 사람의 스승을 가졌다. 우선 그가 뚜렷하게 내세울 수 있는 장인은 대목장(중요무형문화재 제74호) 고택영이다. 고택영의 스승은 근대 전통건축기술의 대부격인 조원재이다. 이 조원재가 도편수 전명복이 생활하던 전라북도 금산에 잠시 내려와 그의 초기 스승이었음을 알게 된 것은 이 조사과정에서였다. 말하자면 제보자 전명복은 그의 초기 스승이 평산조씨 제사공사를 한 조만재로 알고 있었으나 그가 조원재와 동일 인물이었음은 알지 못했던 것이다.

　결국 지방 목수 전명복은 그가 한국의 근대 목수 사회의 중심에 있음을 자신도 알지 못하고 있다가 이 조사를 통하여 알게 되었던 것이다.

　본 조사의 제보자인 도편수 전명복은 전라북도 김제에서 태어나 이 지역을 중심으로 활동을 해 왔다. 청년시절에는 외지에 나가서 이러저러한 건축공사에 종사하기도 하였으나 목수로써 활동을 이 지역을 중심으로 하여왔다. 따라서 그가 구사하는 건축용어는 전라북도 지역의 언어를 누구보다도 충실히 사용하고 있다고 할 수 있다. 더구나 그 스승의 한사람인 대목장 고택영도 전라북도 부안 사람으로 그에게 지역언어를 충실히 전달하였을 것으로 판단된다.

　구술조사에 나타난 그의 언어와 그가 기록한 기술(記述)문서에서도 지역의 언어를 잘 표현하고 있다. 특히 그가 제도 교육을 별로 받지 못하고 목수 스승 등 사회교육을 받고 생활해온 바탕에서 기록한 그의 언어 사용은 보다 토착적이고 미화되지 않은 솔직한 표현이 나타나고 있다. 이는 본 조사가 추구하는 언어 발굴의 취지에 많은 공감을 주고 있다.

　제보자가 기록한 기술문(記述文)은 건축 기술(技術)에 대해서도 자세히 기술(記述)하고 있으나 그가 생애를 목수로써 견지해온 가치관도 잘 드러나고 있다. 그 중에는 전통건축에 대한 정부의 행정에 대해서 비판적인 견해를 서슴지 않고 있으며 그 같은 상황에 대해 그의 아들이자 제자인 전준헌에게 당부도 잊지 않고 있다.

한편 본 조사의 진행은 구술질문지를 작성하고 공통적으로 생애조사와 기술조사로 나누어 진행하는 것으로 계획되었다. 생애조사는 제보자의 태생과 성장과정, 교육과정과 가정생활, 그리고 목수수업에 대한 부분이었다.

기술조사에서는 건축의 생산(건축공사)에 관한 내용으로 집을 짓기 위한 집터잡기, 터 닦기, 기초 다짐, 기단쌓기, 주춧돌놓기 등 건축물을 올리기 전까지 과정이 우선 조사 대상이 된다. 이어서 건축물 자체의 기술적 부분으로 치목과 그 연장, 바심질, 치목된 목재의 세우기, 잇기, 맞추기, 짜기, 지붕틀기, 지붕이기 등 주요 구조부의 기술에 관한 부분이 조사되어야 한다. 다음단계로 구들놓기, 마루깔기, 반자대기, 창호달기, 벽체꾸미기 등이 조사된다. 그밖에도 집의 구성, 집의 형식, 공간의 종류, 재료, 연장, 집짓기 의식(儀式) 등도 조사되어야 할 부분이다.

본 조사는 년 단위 조사 사업으로써 이것들을 총괄하여 조사하기는 불가능한 것으로 년차별 종합적인 조사계획을 세우는 것이 필요하다. 예를 들어서 상기의 조사항목 하나하나에 대한 상세한 조사계획을 수립하여 년차별 장기 계획하게 진행하는 것이 필요하다.

따라서 본 조사 사업은 보다 체계적으로 기본연구가 필요한 것이다. 1차 년도에 시범적인 방법으로 수행되었으나 보다 체계적으로 사업계획이 수립되는 것이 필요하다. 따라서 건축용어 조사에서도 건축 내의 작업을 체계화하고 공정과 순위를 정하여 작업해 나가야 한다. 말하자면 기초적인 문헌조사를 우선 실시하고 문헌에 나타나지 않는 용어를 가려낼 준비를 하여야 한다.

현장 중심의 용어조사 부문에서는 그 현장에 참여하는 목수 등의 참여자를 잘 선정해야 하며 그에 대한 기초 자료도 풍부해야 된다. 본 조사자가 선택한 목수 전명복은 매우 이상적인 대상이었다고 판단된다.

이미지화(사진 기록)작업은 필수적인 것이나 그 장비나 촬영기술, 촬영 환경 등이 면밀히 고려되어야 한다. 또한 그것의 보존을 위해서 선진적 방법이 도입되어야 한다. 음성 녹취 조사 또한 언어를 기록하고 보존하는 방안으로서 탁월한 방법이고 그것을 전사하여 문자로 기록하는 방법 역시 빼놓을 수 없는 작업이다.

이상과 같은 작업의 이해를 돕기 위한 작업들 역시 보조 자료가 될 것이다. 말하자면 도면이나 그림들이다. 나아가 제보자가 작성한 자료를 모으는 것도 필요할 것이다.

[참고문헌]

한국건축역사학회, 『한국건축답사수첩』, 도서출판 동녘, 2006.

한국건축가협회, 『한국전통목조건축도집』, 일지사, 1970.

김왕직, 『알기쉬운 한국건축용어사전』, 도서출판 동녘, 2007.

______, 『그림으로 보는 한국건축용어』, 도서출판 발언, 2000.

장기인, 『한국건축사전』, 보성각, 1993.

김홍식, 『초가』, 열화당, 1991.

______, 『한국의 민가』, 한길사, 1992.

경기문화재단, 『화성성역의궤』, 경기문화재단. 2005.

김란기, 「한국근대화과정의 건축제도와 장인활동에 관한 연구」, 홍익대, 박사논문, 1989.11.

______, 「近代 傳統建築生産匠人의 活動과 系譜에 관한 研究」, 대한건축학회, 1990.8.

______, 『조선대목 고택영의 조선집짓기 한평생 얘기』, 도서출판 한길, 2001.8.20.

______, 「근대 목수계보의 연구」, 한국건축역사학회, 춘계학술논문집, 2006.5.

찾아보기